Archipel / Nord

Claude Simon

ARCHIPEL / NORD
Kleine Schriften
und Photographien

Aus dem Französischen
von Eva Moldenhauer
Mit einem Vorwort
von Brigitte Burmeister

Matthes & Seitz Berlin

Malen, photographieren, schreiben
»... eine Spur dessen, was noch nie war
und nie wieder sein wird«

Alle Romane Claude Simons lassen sich als Erinne-
rungstexte lesen, entstanden *auf der Basis von Erlebtem.*
Die Lust *etwas herzustellen* bestimmte sein Schreiben
ebenso wie der fortgesetzte Versuch, zu sagen *wie es
war,* die vom Gedächtnis bewahrten Lebensspuren in
Sprache zu verwandeln. Kein Schwelgen in Erinnerungen, keine Geschichten von früher. Das Erinnerte ist
ein Magma von Empfindungen und Sinneseindrücken,
chaotisch, simultan, diskontinuierlich. Ein Ensemble
von Bruchstücken, isolierten Augenblicken, gleichsam
stehenden Bildern. Und darin *verkapselt wie ein Fremd-
körper, für immer eingenistet* das Trauma des Krieges,
das Erlebnis von Todesnähe, Gefangenschaft, Hunger.

Im Mai 1940 kam Claude Simon als Kavallerist in den
Norden Frankreichs, an die belgische Grenze. Sein Regiment wurde von deutschen Panzern vernichtet. Er
selbst entging knapp dem Tod, wurde gefangengenom-
men und in ein Lager nach Sachsen transportiert. Im
Oktober 1940 gelang ihm die Flucht in das unbesetzte
Südfrankreich. Er kehrte nach Perpignan in das Fami-
lienhaus zurück: *Sich selbst überlassen, Erbe eines mä-*

ßigen Vermögens, das ihn gleichwohl der Notwendigkeit enthebt, seinen Lebensunterhalt zu verdienen …

Sein Vater, Hauptmann der Marineinfanterie bei den französischen Kolonialtruppen auf Madagaskar, wo Claude Simon am 10.10.1913 geboren wurde, fiel im August 1914 in den Kämpfen um Verdun. Die Mutter – sie entstammte einer begüterten Familie aus dem Roussillon – erkrankte an Krebs. Sie starb 1924, der Sohn war elf. Ein Onkel wurde sein Vormund und schickte den Jungen auf das Collège Stanislas in Paris, *eine religiöse Einrichtung mit strenger Disziplin, aber gutem Unterricht,* schrieb Simon für einen ihm gewidmeten Artikel eines Literaturlexikons (1989). *Durchschnittliche Fähigkeiten in Französisch (Aufsatz), in Latein und dann in Mathematik, seinem Wahlfach für das Abitur, das er mit sechzehn ablegt (täglich Messe, obligatorische Beichte wöchentlich, Geruch nach Tinte und Speisesaal, donnerstags Sport: Reiten, Rugby, Leichtathletik – erster Preis in Turnen und Zeichnen).* Danach weigerte er sich bald, weiteres *Wissen zu schlucken,* brach die Vorbereitung auf die Ecole Navale ab, die er nach dem Wunsch der Mutter hätte besuchen sollen, und stürzte sich begierig in eine Welt, die das Collège ihm vorenthalten hatte: Malerei, Film, zeitgenössische Literatur, Begegnungen mit Künstlern, Atelierbesuche. Mit dem Surrealismus, von dem er noch nichts gehört hatte, kam er zufällig durch einen Kinobesuch in Berührung: als Vorfilm wurde Buñuels *Un chien an-*

dalou gezeigt, für Simon eine *Lektion in Ikonoklastie,* ein *Kunstschock.*

Er belegte Malkurse bei André Lhote und entdeckte auf eigene Faust Manet, Cézanne, Bonnard, begeisterte sich für Picassos Blaue Periode, besuchte Galerien und Museen. Später (1981) wird er über diese Zeit streng urteilen: *idiotische Jugend. Müßiggang. Von Geld leben, das man nicht verdient hat. Von Malerei verstehe ich rein gar nichts. Keinerlei Interesse für Politik. Faulheit auf allen Gebieten.* In seinem Roman *L'Acacia* (1989; dt. Die Akazie, 1991) beschrieb er sich ironisch als *Kubismus-Student,* der versuchte, *Farben auf etwas zu verteilen, was er Gemälde nannte,* und Segelschiffe, Boote, Felsen *in alberne Dreiecke, alberne Vierecke oder alberne Pyramiden (oder Kegel, oder Kreise, oder Zylinder) zu verwandeln.*

Und doch waren es jene frühen 1930er Jahre, in denen er seine Lust am Sehen, seine Freude an Materialien und Farben entdeckte. In einem Interview (1967) wurde er als bereits anerkannter Autor gefragt, ob er immer schon Schriftsteller hatte werden wollen? Nein, er wäre lieber Maler geworden, Maler oder Jockey. Das hätte ihm absolute, vollkommene Freude beschert. Und das Schreiben bringe sie nicht? Nur *indirekt, ein Vergnügen zweiten Grades. Letztlich kritzelt man Fliegenbeine aufs Papier, das ist nicht zu vergleichen mit dieser unmittelbaren, sinnlichen Freude, wenn man Rot oder Grün auf die Leinwand aufträgt.*

Lust zu schreiben sei ihm zum ersten Mal während seines Wehrdienstes bei den Dragonern in Lunéville (1934-35) gekommen. Damals von Giraudoux beeindruckt, habe er dessen Stil nachgeahmt, mit *eher komischem Ergebnis.*

Er las Cocteau, Jules Romains, Malraux, mit Begeisterung Célines *Voyage au bout de la nuit*, ein wenig Proust und war, wie Mireille Calle-Gruber in ihrer Simon-Biographie schreibt, empfänglich für das Unkonventionelle, die Befreiung von »Zwängen der etablierten Ordnung«, die Erregung durch »das erwartete Unerwartete«. Mit den Surrealisten teilte er die Faszination an vom Zufall zusammengeführten Dingen wie auch das Gefallen an afrikanischen und ozeanischen Masken und, angeregt durch das Künstlermagazin *Minotaure* (1933-1939) – einem Forum der »surrealistischen Revolution« –, das Interesse für Photographie (neben Beiträgen von Malern, Graphikern und Literaten veröffentlichte *Minotaure* auch avantgardistische Photoarbeiten von Brassaï und Man Ray.) Er kaufte sich eine Rolleiflex-Kamera und einen Vergrößerungsapparat, arbeitete an Bildeinstellungen und Kontrasten, holte sich Rat in der Nachbarschaft, bei dem später berühmten Mode- und Portraitphotographen Philippe Halsman. Eine von Simons frühen Aufnahmen (*Tänzerinnen*) – sie zeigt drei kleine Mädchen, die auf dem Pflaster der avenue de Vincennes unter einer Eisenbahnbrücke tanzen – erschien im November 1938 im Kulturjournal *Verve* des griechisch-französischen Verlegers Tériade, der zu den einflußreichsten Persönlichkeiten im Kunstbetrieb des Paris der 1930er Jahre und der Nachkriegszeit zählte.

Unentschieden zwischen verschiedenen kreativen Neigungen, ohne Nötigung zum Broterwerb, ohne berufliche Ziele, verbrachte Simon die 1930er Jahre als eine von Pflichten weithin unbeschwerte Zeit der Bildung. Sein Desinteresse an Politik änderte sich unter dem Druck der geschichtlichen Ereignisse nach Hitlers Machtergreifung. In Frankreich kam im Mai 1936 eine Regierung der Volksfront unter Léon Blum zustande. Im Juli begann in Spanien mit dem Militärputsch gegen die demokratisch gewählte Volksfrontregierung der Zweiten Spanischen Republik der Bürgerkrieg. Simon reiste in Begleitung eines kommunistischen Freundes (und ausgestattet mit einem frisch erworbenen Parteibuch) im September von Perpignan in das nahe gelegene Barcelona. Dort erlebte er die von linksmarxistischer POUM und Gewerkschaft organisierte anarchistische Erhebung, der es um eine soziale Revolution (Kollektivierung von Landbesitz und Industrie, Selbstverwaltung durch Räte) innerhalb der Kämpfe zur Verteidigung der Republik ging. Er blieb zwei Wochen dort, ein unbewaffneter, unideologischer Revolutionstourist, der sich auf der Plaça de Catalunya vor dem requirierten Hotel Colón photographieren ließ. Sein praktischer Beitrag zur Unterstützung der Republikaner bestand im Umladen von Waffen aus einem havarierten norwegischen Frachter im Hafen von Sète.

Die Barcelona-Episode gehörte gleichwohl zu den wichtigen Ereignissen seines Lebens. Noch in der Rede anläßlich seines Nobelpreises 1985 sprach er davon, *Zeuge einer Revolution* gewesen zu sein (die in seinem 1962 erschienenen Roman *Le Palace* als gescheiterte, *fehlgeborene* in einer beklemmenden Atmosphäre fortdauernder dienstbarer Armut endet).

Im Frühjahr 1937 unternahm er mit dem Freund Alfred Cassou eine zweimonatige Bildungsreise durch Europa, das am Rand des Krieges stand: über Deutschland und Polen in die Sowjetunion, bis nach Odessa, zurück durch die Türkei, Griechenland und Italien.

Im August 1939 wurde er eingezogen und fuhr, auf den Tag genau ein Vierteljahrhundert nach dem Tod des Vaters – und eine Woche vor der Kriegserklärung an Deutschland –, nach Nordosten an die Front, fuhr mit der fatalistischen Überzeugung, das Schicksal des Vaters zu teilen:

Und jetzt würde er sterben, heißt es in *L'Acacia.* Sterben nach sechsundzwanzig Jahren *Faulheit und lässiger Untätigkeit – bestenfalls zögernder Hoffnung, enttäuschten Wartens auf etwas, was nie eingetreten war (oder was vielleicht, dachte er auch, jetzt einzutreten im Begriff war) und was keine der aufgezwungenen oder ausprobierten Verkleidungen hervorzurufen (oder zu täuschen) vermocht hatte, angefangen mit der militärisch geschnittenen steifen Uniform, in die man* nach dem Tod der Mutter *das elfjährige Kind gesteckt hatte, mit einem Kragen gleich einem Halseisen, vergoldeten Knöpfen und einer Mütze mit einem Schirm aus Lackleder, bis hin zu der letzten, zu der als Requisiten die Pinsel und der Malkasten eines kubistischen Malers gehörten, nachdem er es zwischenzeitlich mit einer Anarchistenjacke versucht hatte, dann, stets mit der gleichen ungläubigen Trägheit, dem gleichen ungläubigen Staunen, in Tweed und Flanell gekleidet, rings um einen alten, kranken Kontinent, der von knallenden Stiefeln und Ehrensalven widerhallte, dem Koffer gefolgt war, auf den Hotelportiers, einer nach dem anderen, bunte Etiketten klebten, während er nichts anderes zu tun hatte, als seine Unterschrift auf kleine Papierrechtecke zu setzen, auf denen, zusammen mit dem Datum, die auszuzahlende Summe stand, und zu einer Bank oder irgendeinem Reisebüro zu gehen, in der Tasche den in Geld umgesetzten Schweiß der Menschen und Pferde, die für ihn viele Hektar Weinberge durchschritten, von denen er nicht einmal wußte, wo genau sie lagen,* und die er *nach unwandelbarem Familienbrauch vier- oder fünfmal im Jahr von ferne, sozusagen zerstreut oder vielmehr gelangweilt besichtigte [...] und er dachte nun, daß sechsundzwanzig Jahre von etwas, was noch nicht wirklich zu existieren begonnen hatte, endgültig zu existieren aufhörten, [...] dachte an all die Züge, die in eben diesem Augenblick durch die Nacht rollten mit ihrer Fracht aus Angst [...].*

1947 veröffentlichte Simon ein Buch mit Erinnerungen und Reflexionen (*La Corde raide;* dt. Das Seil, 1964). Es markierte den Abstand zu seinem Leben vor dem Einschnitt des Krieges und formulierte eine Art Credo: *Wenn man jedoch annimmt, daß das Leben in der Gesellschaft auf einem Prinzip von Verpflichtungen und Verantwortlichkeiten beruht, so stelle ich mir vor, daß die erste dieser Verpflichtungen darin besteht, sein ganzes Können in der Vollendung dessen zu zeigen, wofür man geschaffen ist.*

Nach dem Anfang mit *gekünsteltem, albernem Zeug,* dann der abwechselnden Beschäftigung mit Malen und Schreiben, ist dieses nun die wesentliche Arbeit geworden.

Der Krieg habe ihn gelehrt, gewisse Dinge richtig zu sehen. Zwischen eigenem Erleben und der in Romanen auf herkömmliche Weise dargestellten Welt tat sich eine scharf empfundene Diskrepanz auf. Auch sie war Antrieb zur Erprobung neuer Erzählformen. In einem allmählichen Übergang löste sich Simon von der traditionellen Prägung seiner ersten drei Romane.

Der vierte, *Le Vent* (1957; dt. Der Wind, 1959), erschien in den Éditions de Minuit, jenem Verlag, der auch Texte von Samuel Beckett, Michel Butor, Marguerite Duras, Alain Robbe-Grillet und Nathalie Sarraute herausbrachte. So gelangte Simon in ein literarisches Milieu, in dem er sich *nicht allzu fremd fühlte,* und in dem seine eigene Arbeit einen bald auch international heftig diskutierten Kontext fand: den Nouveau Roman.

Le Vent – die Geschichte vom Scheitern des Photographen Antoine Montès, der in einer südfranzösischen Provinzstadt (die einige Ähnlichkeit mit Perpignan aufweist) erscheint, um sein Erbe, einen Weinberg, zu übernehmen – ist als Rekonstruktionsversuch angelegt.

Im Bemühen wiederzugeben, was sich wirklich abgespielt hat, stößt der Erzähler von Anfang an auf die Unzulänglichkeit eigener und fremder Kenntnisse, auf Lücken, Widersprüche und Erinnerungsunsicherheiten. Sein Versuch einer Re-Konstruktion führt ihn – eben weil er Konstruktionen ablehnt, die einen folgerichtigen Geschehensablauf suggerieren – zu einer Darstellung, die mit ihrem problematischen Vorhaben kämpft. Daher Erzählformen, die Erinnertes und Wahrnehmungen »zur Sprache bringen« wollen, wie sie im Bewußtsein auftauchen: simultan, bruchstückhaft, in zufälligem Nebeneinander. Was irritierten Lesern wirr, ausufernd und zugleich lückenhaft erschien, erklärte Simon in einem Interview 1960, hänge mit dem Versuch zusammen, die »Unordnung« des Erlebens mit der linearen »Ordnung« der Sprache in Einklang zu bringen. Seine eigenwillige Syntax und Interpunktion, die chaotische Ordnung des Erzählens verteidigte er zunächst als literarische Entsprechung zu den realen Abläufen von Wahrnehmungen und Erinnerungen, als *réalisme subjectif* (wie auch andere nouveaux romanciers anfänglich einen »neuen Realismus« für sich in Anspruch nahmen). Dieses Erklärungsmuster verwarf er dann, nachdem seine Romane es bereits praktisch unterminiert hatten.

1960 erschien *La Route des Flandres* (dt. Die Straße in Flandern, 1961), das Buch, das Simon einem größeren Publikum bekannt machte, seinen internationalen Ruf begründete und nicht aufgehört hat zu wirken, unter seinen Romanen wohl derjenige mit dem stärksten Pathos. Mit ihm hielt der Krieg »seinen veritablen Einzug im Werk Claude Simons«, das er prägte als immer wieder bearbeitetes Grunderlebnis, stoffgebende Erinnerung, als einschneidende »persönliche und ›ästhetische‹ Erfahrung« und »unerschöpfliches Reservoir an Bildern« (Michel Thouillot). Zwar hat Simon seine Wege durch den »Mahlstrom des Zweiten Weltkrieges« genau rekonstruiert, diese Information aber erst in den dokumentarisch orientierten *Le Jardin des Plantes* (1997; dt. Jardin des Plantes, 1998) eingefügt. In *La Route des Flandres* herrscht die Sicht des in die Schlacht geworfenen Neulings. Aus dessen Perspektive ist der Krieg eine Art Naturkatastrophe, *das Verschwinden jeder Idee, jedes Begriffs.* Wer da gegen wen kämpft, weshalb und mit welcher Strategie, bleibt ohne Bedeutung für die (so der ursprünglich geplante Titel des Buches) »bruchstückhafte Beschreibung eines Desasters«: den Zusammenbruch von Ordnung, Gewißheiten, Werten, das Eintauchen in ein unbegreifbares Chaos, die Ankunft am »Nullpunkt des Denkens« – beim Überlebensinstinkt, den physischen Grundbedürfnissen und den Sinneswahrnehmungen. Diese Erfahrung nicht umzumünzen in einen erklärenden Bericht oder eine Abstand haltende Reportage oder die Freiheiten des Fabulierens, vielmehr bei ihr zu bleiben als ungeformter und unformulierbarer Realität, für die dennoch (weil nichts anderes als Worte zur Verfügung stehen) eine Sprache zu finden ist – eben darin lag Simons ethische *und* ästhetische Antwort auf den erlebten Krieg.

In *La Route des Flandres* »mimt« die Anordnung des Textes die »Unordnung« im Schwall der Bilder, Erinnerungen, Gefühle des Protagonisten Georges und hinterläßt einen Eindruck seines Herumirrens, der Wirrnis seiner Erlebnisse. Sein hartnäckiges und leidenschaftliches Bemühen, zu sagen *wie es war*, stößt auf den Wesensunterschied zwischen Erleben und Sprache, auf das genuine Versagen von Sprache, die Realität des Erlebten wiederzuerlangen und wiederzugeben. Hier noch ein dramatischer Vorgang, wird er in den Romanen danach das Pathos des Scheiterns verlieren. Auch in ihnen geht es um die versuchte Re-Konstruktion von Vergangenem (zumeist aus dem eigenen Leben und der Familiengeschichte), jedoch zunehmend im Bewußtsein der kreativen Möglichkeiten, die *irreale Realität* der Sprache zu erkunden, dieses *unerschöpfliche Terrain*.

1970 veröffentlichte Simon auf Anregung des Verlegers Albert Skira in dessen Reihe »Les sentiers de la création« einen Band mit Texten zu Gemälden und Collagen/Assemblagen, die für seine Arbeit wichtig wurden, so auch zu Nicolas Poussins Bild »Der blinde Orion sucht die Sonne« (1658) – einer Allegorie des eigenen Schreibens –, nannte das Ganze *Orion aveugle* (dt. Der blinde Orion, 2008) und stellte ihm eine kleine, als Autograph abgedruckte Einleitung voran, die seine »Pfade der Schöpfung« beschrieb:

Bevor ich mich daran mache, Zeichen aufs Papier zu setzen, gibt es nichts außer einem formlosen Magma mehr oder weniger verworrener Empfindungen, mehr oder weniger präziser, angehäufter Erinnerungen und einen vagen – sehr vagen – Plan. Erst beim Schreiben bildet sich etwas heraus, in allen Bedeutungen des Worts […], zeigen sich ungeahnte Resonanzen und Echos. Jedes Wort ruft mehrere andere hervor (oder erfordert sie), nicht nur durch die Kraft der Bilder, die es anzieht wie ein Magnet, sondern manchmal auch allein durch seine Morphologie, durch einfache Assonanzen, die sich, ebenso wie die formalen Notwendigkeiten der Syntax, des Rhythmus und der Komposition, häufig als ebenso fruchtbar erweisen wie seine mannigfachen Bedeutungen. Auf diese Weise seien die vorangegangenen Romane entstanden und erst recht *die hier folgenden Seiten, die allein dem Wunsch entsprungen sind, anhand bestimmter Gemälde, die ich liebe, etwas zu »basteln«.*

Simons Affinität zur Malerei und zu bestimmten Malern (Dubuffet, Rauschenberg, Tapies, Miró, Bacon, …) äußerte sich nicht allein in Texten zu Gemälden oder in Passagen wie dem Portrait von Picasso (in *Le Jardin des Plantes*), den Simon 1956 mehrfach in Antibes besucht hatte. Seine vorwiegend aus Beschreibungen bestehenden Romane zeugen durchweg von visueller Lust, dem Blick für Farben und Formen, von einer Kompositionsweise, die mit dem Ensemble der *Kontraste, Harmonien, Dissonanzen, der gewollten Wiederholungen* […] *wie in der Musik und der Malerei* dem Text seine innere Einheit verleiht.

Er habe, erzählte Simon, während er *Le Vent* schrieb, immer weniger gemalt, aber wieder mehr photographiert, sich eine neue Ausrüstung gekauft, die Vergrößerungen selbst hergestellt. Wie seine Romangestalt Montès, dem der Photoapparat *wie ein drittes Auge oder sonst ein Zusatzorgan auf der Brust hing*, streifte er durch die populären Viertel von Perpignan, photographierte Roma, spielende Kinder, Straßenszenen, Feste, Prozessionen, Schaufenster, Platanen, Graffiti, Mauern, machte Akt- und Portraitaufnahmen und plante ein Album, zu dem Jacques Prévert Gedichte und Picasso das Titelblatt beisteuern wollten. Simon befürchtete jedoch, daß der Verleger die Photos als exotischen Anreiz für Touristen behandeln würde, während es ihm darum ging, schrieb er an Prévert, *das Ungewöhnliche der Existenz im*

Alltäglichen aufzuspüren, sichtbar zu machen, was man aus Gewohnheit übersieht. Das Projekt zog sich hin und wurde aufgegeben. Um 1960 habe er mit Schwarz-Weiß-Photographien aufgehört, längere Zeit pausiert, seit *La Bataille de Pharsale* (1969; dt. Die Schlacht bei Pharsalos, 1972) nur noch in Farbe photographiert. Eine von Simon mit Texten versehene Auswahl von fünfzig Photos erschien 1988 unter dem Titel *Album d'un amateur* in einer Auflage von 990 nummerierten Exemplaren in der Edition Rommerskirchen (Remagen-Rolandseck).

1992 veröffentlichte Simon bei Maeght den Band *Photographies (1937-1970)*, zu dem der Herausgeber Denis Roche, »selbst ein häufiger Grenzgänger zwischen Literatur und Photographie« (Irene Albers) das Vorwort schrieb. Der Band enthält vermutlich einen Teil der Aufnahmen, die für das Projekt aus den 1950er Jahren vorgesehen waren. Von den – mit einer Ausnahme – undatierten und nicht in chronologischer Folge angeordneten Photos stammen (wie Mireille Calle-Gruber einer Liste mit Datumsvermerken im Nachlaß Simons entnommen hat) neunzehn aus den Anfangsjahren (1937-1938), so die bereits erwähnten *Tänzerinnen,* die übrigen aus der Zeit nach dem Krieg, wie gleich das erste Bild, das auch auf dem Titel abgedruckt ist: *Mann, der durch eine Stadt geht* (1948). Bestimmte Sujets hatte Simon neu bearbeitet, die Anordnung sorgfältig komponiert und sämtlichen Bildern Titel gegeben. Keines von ihnen ist »Illustration«, gleichwohl

18

verweisen sie alle mit ihren Motiven, Orten, Milieus und Landschaften auf das Universum seiner Texte.

Nur die Photographie, so Simon in seiner Einleitung zu dem Band, besitze dieses seltsame Vermögen festzuhalten, *was unser Gedächtnis selbst außerstande ist zu behalten*: ein Bild in einem jener unablässig aufeinanderfolgenden Sekundenbruchteile zwischen Vergangenheit und Zukunft, *eine Spur dessen [...] was noch nie war und nie wieder sein wird*. Es sei wohl *die Anziehungskraft dieser ein wenig magischen Macht der Photographie*, die ihn gedrängt habe, sich an ihr zu versuchen.

Simons literarische Werke favorisierten den Blick und das Sehen dergestalt, daß man sein Schreiben »Photographie ohne Apparat« genannt hat. Die in Sprache verwandelten Gedächtnisbilder sind isolierte Momentaufnahmen. Ihren Kontext finden sie nicht in der Logik zeitlicher Abläufe oder der Sinnhaftigkeit einer Geschichte, vielmehr im Gefüge des Textes selbst, dem assoziativen Zusammenspiel seiner Elemente, der Relevanz seiner inneren Bezüge – und der Verbindung zu den Vorgängern: *Im Allgemeinen beginne ich einen neuen Roman mit dem, was in den vorangegangenen nicht gesagt werden konnte.*

Autobiographische und familiengeschichtliche Episoden lieferten den Stoff: Erinnerungsbilder aus dem eigenen Leben ebenso wie Dokumente und Briefe aus dem Nachlaß eines Vorfahren zur Zeit der Französischen Revolution und der Napoleonischen Kriege (*Les

Géorgiques, 1981; dt. Georgica, 1992), Ansichtskarten aus der Hinterlassenschaft der Mutter (*Histoire*, 1967; dt. Geschichte, 1999), Notizhefte, in denen eine Tante Simons in gewissenhafter Lebens-Buchführung Jahrzehnte hindurch Einnahmen und Ausgaben eingetragen hatte (*L'Herbe*, 1958; dt. Das Gras, 1970) und immer wieder auch Familienphotos. Als sichtbare Spuren von nunmehr Verschwundenem, als Bestätigung eines Augenblicks (»Das ist gewesen«) regten sie Re-Konstruktionen ihres möglichen Kontextes an, Antworten auf die Frage »Was ist geschehen« oder darüber hinaus: »Was hätte geschehen können«? Simons Blick auf diese Photographien ist melancholisch, er liest in ihnen »die Abwesenheit, den Verlust«, »die Verwundbarkeit der Existenz« (Annie Clément-Perrier) – wie auf einem Photo seines Vaters, das *auf der Rückseite ein Datum trug (Juli 1914) in einer Handschrift mit hohen Oberlängen, deren häßliche violette Tinte sich in den Grundstrichen gleichsam mit einem leichten, goldschimmernden grünlichen Schimmel überzogen hatte [...] – wobei der Wievielte des Monats zweifelhaft war, es konnte sich um eine undeutlich geschriebene 3 oder um eine 8 handeln, aber was liegt daran, da die unter ihrem aufgezwirbelten Schnurrbart lächelnde Person auf jeden Fall nur noch ein paar Wochen zu leben hatte*. Das Zitat stammt aus Simons letztem Buch (*Le Tramway*, 2001; dt. Die Trambahn, 2002), in dem sich wiederum Spuren der Vorgänger lesen lassen und das sie alle in seinem Grundgestus einschließt:

Für das verwaiste Kind, den Überlebenden eines Krieges, den Gefangenen, den Zeugen von Sterben und spurlosem Verschwinden, war das Leben durchtränkt mit Erfahrungen von Verlusten, Todesangst, Zerstörbarkeit, Vergänglichkeit. Keine Erlösung durch den Glauben an ein ewiges Leben. Kein Glaube an einen erlösenden Geschichtsprozeß. In akuter Todesnähe vielmehr ein Gefühl, das er einmal Melancholie genannt und sogleich abgegrenzt hat von *bitterer Träumerei. Es sei etwas Gewaltsames gewesen, das protestierte, wütend, geknebelt zwar, aber brüllend: Niemals habe ich so sehr leben wollen, niemals habe ich mit solcher Gier, solcher Verzückung den Himmel betrachtet, die Wolken, die Wiesen, die Hecken.*

Davongekommen und noch ganz nah an den Katastrophen seines Jahrhunderts, den selbst erlebten und den gewußten, hatte Simon (1947) seine emphatische Überzeugung kundgetan, *daß man niemals dahin kommen wird, sich an dieser prunkvollen Herrlichkeit der Welt sattzusehen, vorausgesetzt, daß es gelingt, sich ihrer bewußt zu werden.*

Die Intensität der sinnlichen Wahrnehmungen, die enthierarchisierte Aufmerksamkeit für das, was ist, fließen in Simons Beschreibungen ebenso ein wie sein Blick für Auflösung und Verfall. Die Lust, »etwas herzustellen«, bestimmt sein Schreiben ebenso wie der fortgesetzte Versuch, die vom Gedächtnis bewahrten Lebensspuren in den Formen der Sprache zu bergen, unermüdlich an Sätzen zu arbeiten, die Bilder hervorbringen.

Zu diesem Band

Claude Simons Werk umfaßt mehr als zwanzig Bücher, darunter sechzehn Romane, entstanden in einem Zeitraum von fast sechzig Jahren. Er starb am 6. Juli 2005.

Einmal jährlich erscheinen seitdem die *Cahiers Claude Simon,* die in jedem Heft einen der ursprünglich in Zeitschriften veröffentlichten kürzeren Texte des Autors enthalten.

Sieben von ihnen wurden in diesen Band aufgenommen sowie zwei zunächst (1974) in finnischen Zeitschriften, später (2009) in Buchform publizierte Texte: *Archipel* und *Norden.* In der Reihenfolge ihrer Erstveröffentlichung – zwischen November 1958 und April 1976 – angeordnet, vermitteln sie einen Eindruck vom Entwicklungsbogen in Simons Schaffen wie auch vom Spektrum seiner Themen und Sprachformen. Einige von ihnen hat Simon, der sich selbst als *bricoleur* (Bastler) bezeichnete, später in Romane eingebaut. Dies entsprach seiner Arbeitsweise, zunächst »Stükke« herzustellen, die Gesehenes und Gehörtes festhielten, sodann in der Schublade blieben, ihren Platz auf den kurzlebigen Seiten einer Zeitschrift fanden oder schließlich in das Gefüge eines Romans eingingen. Hinweise auf solche Wiederverwendungen sowie Quellenangaben und Kurzinformationen zu den Texten enthalten die Annotationen (S. 165).

Die abgedruckten Photographien folgen der von Simon festgelegten Anordnung in *Photographies 1937-1970*, die sie gleichsam in Abbreviatur dokumentieren. Von dort übernommen wurden auch Simons Bildunterschriften und sein Vorwort, das sich mit Parallelen zwischen Photographie, Malerei und Literatur beschäftigt und über die eigene Praxis Auskunft gibt – hier abgedruckt unter dem Titel *Photographie & Literatur*. Ausdrücklich gedankt sei Wolfram Nitsch, der uns sein Exemplar des seit langem vergriffenen Photobandes zur Verfügung stellte.

Brigitte Burmeister

Mann in einer Straße

DER KANDIDAT

Es war warm, und durch die offenen Fenster drang der Lärm des Lautsprechers ins Zimmer. Hin und wieder brach die Stimme ab, und Applaus war zu hören. Da man die Worte nicht verstehen konnte, hätten diese Stimme und dieser Applaus in der Nacht zusammenhanglos wirken können, aber wenn man darauf achtete, merkte man nach einer Weile, daß Stimme und Applaus einander antworteten, als ließe eine Art Pakt, ein gegenseitiges Entgegenkommen und nicht der Zufall sie einander abwechseln, da die Stimme einer bestimmten Modulation folgte, die sie stufenweise bis zu dem präzisen Punkt – Intensität und Tonalität – anhob, an dem automatisch das begeisterte Tosen der Zuhörer ausbrach. Vermutlich hätte man es für ein Szenario halten können, für zwischen dem Kandidaten und seinen Anhängern im voraus festgelegte Anordnungen – und bestimmt gab es eine organisierte Claque –, aber das war es nicht, oder vielmehr, das war es nicht genau: es sah nicht so aus, als wäre diese oder jene Passage, diese oder jene Invektive oder Proklamation vorher abgesprochen worden, nach der die Claque loslegen sollte: im Gegenteil, es wirkte so, als handelte sie von

sich aus, sozusagen spontan, obwohl unter einer Dek-
ke steckend, verführt von den Schlüsselwörtern und
Schlüsselsätzen, da sie sich eigneten, die Begeisterung
des unvoreingenommenen Publikums zu entfesseln,
der die Anhänger also gewissermaßen nur ein wenig
zuvorgekommen waren.

Ebensowenig entging übrigens auch der Kandidat
selbst dieser Zweideutigkeit. Der Klang, die Rede, das
Geräusch seiner eigenen Stimme besaßen wohl eine
solche Kraft, daß es der Entrüstung, der Begeisterung,
allen Gefühlen, die ein Redner um ihrer Wirkung willen einsetzt, gelang – so als nährten sie sich von ihrer
eigenen Substanz –, sich tatsächlich auch demjenigen
mitzuteilen, der sich ihrer bediente, so daß die Stimme,
die Kunstgriffe hinter sich lassend, aufrichtig zu jenem
Vibrato, jener Erschütterung fand, die den Bannflü-
chen, den Beschwörungen und inständigen Bitten ihre
Beredsamkeit verlieh.

Die magischen Formeln waren, wie mir klar wurde,
als ich zu dem Platz kam, auf dem sich die Lautsprecher
befanden, von begrenzter Anzahl (etwa drei oder vier),
und der Kandidat und Redner griff, ohne Furcht, sich
zu wiederholen – häufig ziemlich mühsam und um den
Preis dubioser Verrenkungen sowohl hinsichtlich der
Syntax wie der Logik, wenn sie, wie es meistens der Fall
war, nur wenig mit dem, was er sagte, zu tun hatten –,
immer dann auf sie zurück, wenn sein Instinkt ihn, um
des Erfolgs seiner Versammlung willen, von dem Bedürf-

nis nach jenem vielfältigen Prasseln in Kenntnis setzte, nach jener klanglichen Unterbrechung, die in nicht allzu weiten Abständen immer wiederkehren muß.

Nur die Leute im Saal, in dem die Versammlung stattfand, applaudierten, und das Zeugnis ihrer Zustimmung drang, so wie die Stimme, über die Lautsprecher zu dem auf dem Platz versammelten Publikum: zu den Männern in Hemdsärmeln, den Frauen mit bloßen Armen, schweigend in der lauen, von ihren eigenen Gerüchen etwas drückend gewordenen Nacht. Obwohl sie sich jeder Äußerung enthielten, hatte ihr Schweigen im übrigen nichts Feindseliges, ebenso weit entfernt von Ablehnung wie von Inbrunst. Vermutlich war ein Teil von ihnen für den Kandidaten, und diese hätten ihm ebenso applaudiert wie die anderen, wenn sie im Saal gewesen wären. Vermutlich hätte auch eine recht große Anzahl der anderen, die nicht von vornherein dafür waren, applaudiert. Insgesamt schienen sie vor allem aus Neugier gekommen und geblieben zu sein, oder zumindest war dies das Gefühl, das sie durch ihre Haltung zu zeigen sich bemühten: interessiert, jedoch ohne Leidenschaft. Zudem rechtfertigten die abendliche Wärme und die Tageszeit, kaum später als sonst, wenn man vor dem Schlafengehen noch einen Bummel macht, dieses Verhalten vollauf. Ohne jeden Zweifel wäre bei Regen oder Kälte der Platz leer gewesen.

Um auf die Schlüsselwörter und -formulierungen zurückzukommen, hier die wichtigsten. An erster, ja an allererster Stelle, denn sie kehrten bei jeder Gelegenheit wieder, waren es »Kominform« und »Kominformisten« (kein einziges Mal sagte der Redner »Kommunisten« oder gar »Stalinisten«). Von der Stimme mit südfranzösischem, wegen der Verzerrung durch die Lautsprecher bis zur Karikatur verstärktem Akzent ausgesprochen, klangen diese beiden Wörter ziemlich komisch, wie etwas, das an »Croquemitaine«, Schreckgespenst, erinnerte und, durch klangliche Assoziation, an »Konformisten« oder »Formalisten«, was nicht einer gewissen Würze entbehrte. Sodann tauchte bei jeder Gelegenheit der feierliche Vokativ auf: »Einwohner und Einwohnerinnen von …« (hier der Name der Stadt, da anscheinend allein die Tatsache, an diesem Ort und nicht an einem anderen ansässig zu sein, ein Adelstitel war und sogar von Intelligenz zeugte, denn der darauf folgende Satz begann häufig mit den Worten: »Gerade Sie werden sich gewiß nicht mißbrauchen (oder täuschen) lassen von …«), dann: »Unser schönes Département«, häufig auch in einem Schlußhöhepunkt heraufbeschworen, dem, nach Formulierungen wie: »für Wohlstand sorgen in« oder »vom kominformistischen Terror befreien«, der Erfolg sicher war. Andere Wörter oder Wortverbindungen wie »Republik«, »Französische Republik«, »Die Traditionen der Kultur verteidigen«, »Den Frieden bewahren«, wurden weniger häufig verwendet. Offenbar dachte der Redner, daß es das Beste sei, sich an die lokalen Gegebenheiten zu halten, und die kommunistische

Frage selbst, ohne allgemeineren Kommentar, auf jenen berühmten »kominformistischen« Terror zurückzuführen, den das Land anscheinend 1945 erlebt hatte. Vermutlich reichte das aus.

Eine der am häufigsten benutzten rhetorischen Figuren war die Fragestellung, wobei auf die Frage, den natürlich stummen und erwartungsvollen Zuhörern gestellt, nach einer kurzen Pause, um ihre Wirkung reifen zu lassen, der Redner selbst die Antwort gab. Zum Beispiel: »Und wissen Sie, was passieren würde, wenn diese verheerende Spaltung, die von gewissen Leuten betrieben wird (bei denen man sich fragt, für wen sie arbeiten!), bis zu den Wahlen fortdauern sollte, ja, ich stelle Ihnen die Frage: Was würde geschehen?« Pause. »Nun! Das will ich Ihnen sagen: ganz einfach folgendes ...«

Mit Hilfe desselben Verfahrens erzielte der Redner, wenn er es für erforderlich hielt, sein Publikum aufzulockern, einige Lacher. So berichtete er, daß am Ende einer seiner Versammlungen tags zuvor in einem »unserer« Dörfer (diese Versammlungen, auf die er häufig anspielte, waren immer »großartig« oder »zutiefst bewegend« gewesen) ein Mann zu ihm gekommen sei und gesagt habe: »Von allem, was Sie gesagt haben, habe ich kein Wort verstanden!« Da er meinte, der Mann spreche nur Dialekt oder er selbst hätte eine zu abstrakte Sprache verwendet, habe er, sagte der Kandidat, versucht, sich seinem Gegenüber verständlicher zu machen, und in einfachen, vertrauten Worten mit ihm

Prozession

geredet ... »Und dann merkte ich, wissen Sie was?«
Erneutes Schweigen des Publikums. Natürlich wußten
sie es nicht: »Nun! Ich merkte ganz einfach, daß dieser
Mann taub war!« Gelächter. »Ja! Ich sprach zu einem
Tauben!« Und daran anschließend: »Nun! Ihnen hier
geht es ja nicht wie diesem armen Teufel ...«, usw.

Abgesehen von der Tonlage »öffentliche Versammlung« und einigen ganz bewußt hier und da
eingestreuten Vulgaritäten erinnerte diese Eloquenz
durchaus, auch wenn sich der Kandidat unter einem
»linken« Etikett vorstellte, an jene, die die Kirchenleu-
te von den Kanzeln herab über die Gläubigen auszu-
schütten pflegen: mit der Kominform und den Kominformisten wurde gedroht wie mit der Hölle und den
Teufeln, die Spaltung der Wähler als Todsünde darge-
stellt, und zur Verblüffung der Gemüter kamen noch
einige Redensarten und Gleichnisse aus dem Evangeli-
um hinzu wie das vom tauben Mann. Da ich erst etwa
in der Mitte der Rede dazugekommen war, fiel es mir
ziemlich schwer, mir eine genaue Vorstellung über ihren Inhalt zu machen. In dem Augenblick, als ich auf
dem Platz eintraf, sprach der Kandidat mit Entrüstung,
in die sich Spott mischte, über einen seiner Konkur-
renten, einen jener »Spalter«, der offensichtlich nicht
hoffen konnte, gewählt zu werden, und dessen einziges, natürlich schandbares und verheerendes Ziel es
war, die Liste des Redners mit jämmerlichen fünfhun-
dert Stimmen zu schlagen. Ziemlich lange schmähte er

diesen Gegner, dann den »Herrn Präfekten«, der, sagte er, »nichts verstanden« habe, während »alle Welt« im Département, außer diesem »hohen Beamten«, »verstanden« habe. Die Debatte sodann erweiternd, stellte er sich als den einzigen Mann dar, der imstande sei, dem Terror der »Kominformisten« Paroli zu bieten. Um seiner Demonstration Nachdruck zu verleihen, beschrieb er mehrere Szenen seines Wahlkampfs in den Dörfern (»unseren« Dörfern), wo, erzählte er, zu Tränen gerührte Menschen am Ende der Versammlungen zu ihm kamen und ihn beglückwünschten, sagten, daß bei ihnen seit Jahren zum ersten Mal ein »Nonkominformist« seine Stimme zu Gehör bringen konnte. Schließlich bestand er darauf, all denen zu danken, die, anders als der Präfekt, während dieses Wahlkampfs Verständnis und bewundernswerte Hingabe bewiesen hätten. Bei dieser Gelegenheit, von seinem Schwung mitgerissen, voller Dankbarkeit für die »Selbstlosigkeit und den Edelmut«, auf die er allenthalben gestoßen sei, erwähnte er die »vielen Arbeiter« sowohl in den Städten wie auf dem Land, »die«, sagte er, »dabei doch nichts zu gewinnen haben« (und »dabei« konnte ganz offenkundig nur »meine Wahl« bedeuten), und dennoch zu wiederholten Malen gekommen seien, um ihm Mut zu machen.

Er schloß seine Rede mit: »Es lebe die Freiheit! Es lebe unser Département! Es lebe die französische Republik!« Die Leute, die im Saal waren, applaudierten lange. Die Zuhörer auf dem Platz lösten sich von den Mauern, erhoben sich von den Bordsteinen, auf die einige sich gesetzt hatten, und gingen geräuschlos auseinander.

Etwas später, als ich wieder durch die Stadtmitte kam, sah ich eine ziemlich große Gruppe aus dem Rathaus kommen, wo die Versammlung stattgefunden hatte. Die Gruppe bestand fast ausschließlich aus Männern in Hemdsärmeln, die Jacke über dem Arm, oder mit kurzärmeligen Sommerhemden. Sie schritten langsam voran, die ganze Breite der Straße zwischen den überfüllten Caféterrassen einnehmend. Aus ihrer Menge erhob sich friedliches Stimmengewirr, wie man es nach Gottesdiensten, am Ausgang der Kinos oder der Sportstadien hören kann. In der ersten Reihe ging in der Mitte ein Mann in marineblauem Anzug, um den Hals einen beigen Schal nach Art der Opernsänger auf Tournee. Und tatsächlich, eher jung, das Gesicht kaum aufgedunsen, sichtlich mit sich zufrieden, erinnerte er recht genau an jene männlichen Stars, Tenorinos oder Champions in irgendwas, auf die nach einer Vorführung die Menge wartet. Obwohl müde, lächelte er, hob den Kopf nach rechts und nach links zu den Balkons, überquerte die Straße, um mit herablassender Eilfertigkeit auf der Terrasse eines Cafés eine Hand zu schütteln. Auch seine Anhänger lächelten, klopften ihm leicht auf die Schultern, wandten den Kopf zur selben Zeit wie er zu den Balkons, den Terrassen, dabei miteinander plaudernd mit jener vielsagenden, leicht geringschätzigen und selbstsicheren Miene derer, die bei den Rennen auf das richtige Pferd gesetzt haben.

Musiker

ASCHE

Zuerst waren es lange Folgen heißer Tage, die draußen dahinkrochen, auf der andern Seite der geschlossenen Fensterläden, und abends, wenn man endlich die Fenster öffnen konnte, sah er den farblosen Himmel über den Dächern langsam grün werden und verblassen, schwindend, durchscheinend, bis die ersten Sterne zu funkeln begannen, und später war es die geometrische Form eines Sternbilds, das sich während der Nachtstunden, fern, majestätisch und eisig, unmerklich im Rahmen des Fensters verschob, indes er mit einer Art friedlichen Verzweiflung, gleichgültigem Ekel an jenen blutigen, fauligen Biß nahe der Schulter seines ausgestreckten Körpers dachte.

Später gab es ruhige bewölkte Himmel, besänftigende Regenfälle, die er auf die Ziegeldächer prasseln und aus den aufgeplatzten Dachrinnen auf die Pflastersteine des Hofs tropfen sah. Und dann andere Morgen, an denen der gewaschene Himmel an Wiesen denken ließ, an Wälder, an langsame grüne Flüsse, und andere Dämmerungen, die sich nach und nach rosa färbten, sich jeden Tag ein wenig früher herabsenkten, in dem Maße, wie der prächtige Sommer seinen schweren

Bauch über die Ebenen schleppte, über die Hügel, die
von Schiffen durchfahrenen Meere, die Städte, bevöl-
kert mit Männern und Frauen, die jeden Tag durch die
hellen Straßen liefen, auf ihren leichten königlichen
Beinen kamen und gingen, aufrecht ihre Körper, ihre
Köpfe – die Köpfe, diese fragilen Rasseln voll tragi-
scher, leidenschaftlicher und lächerlicher Streitereien.

Und noch später war es Herbst mit späten, grimmigen Gewittern, bereits kalten Morgenstunden, und
noch immer liegend, noch immer mit diesem gezü-
gelten, aber wachsamen rötlichen Tod in seinem Innern, schien er, nachts den fernen Pfiffen der Züge,
tagsüber den vielfältigen Geräuschen des Hauses
lauschend – den unbedeutenden und wunderbaren
Echos unbedeutender und wunderbarer Leben –, nach
und nach selbst zu etwas Unvergänglichem, Minerali-
schem und Passivem zu werden, über das hinwegzu-
gleiten sich die Zeit ebenfalls angewöhnt hatte, ohne
Spuren zu hinterlassen, wie die Schatten der Wolken
auf der Oberfläche der Erde, etwas, zu dem er geworden war, weniger durch die Häufung der Tage seiner
Reglosigkeit, fast versteinert in dieser Position eines
Liegenden, als vielmehr infolge einer jähen Trans-
formation oder vielmehr Transmutation, als hätten
sich alle Teilchen dieser Materie, ohne die es weder
Denken noch Sinn gibt, gleich den tausend Blicken
einer Menschenmenge auf ein neues, morbides und
faszinierendes Schauspiel gerichtet in jener Stunde,

nachdem er es erfahren hatte, zur Zeit der Abend-
dämmerung, sich an die warmen Stufen der Freitrep-
pe erinnernd, an die nach und nach verstummenden
Vögel, an das wirre Murmeln der Stimmen um ihn
herum, an den schweren Geruch des gemähten Heus
und auf dem Hang des Hügels, auf der andern Seite
des Tals, an den fast unsichtbaren Traktor, der sich
beeilte, im Wettlauf mit der Dunkelheit, jedesmal die
Ränder des Getreidedreiecks beschneidend, das sich
nach und nach zusammenzuziehen schien, gleichsam
angefressen, gleichsam abgenagt von einem brum-
menden, hartnäckigen, gefräßigen Insekt, während
er, in der verlöschenden Wärme des Tages sitzend,
dachte: »jetzt, jetzt, jetzt, mein Alter ...«, mit einer
Art lüsterner Gier, schmerzlicher Schärfe den bitteren
Geschmack einer verbotenen Welt wahrnehmend, im
Mund bereits so etwas wie einen ekelerregenden Vor-
geschmack jener Flut, die ihn, seine Kehle überwälti-
gend, in der nächtlichen Finsternis weckte, keuchend,
entsetzt, an seinen Lippen zuerst das Taschentuch rot
werden sah, dann eine Schale, dann die Schüssel, die
sie ihm brachte, auch sie entsetzt, ihn mit ihren weit
aufgerissenen Augen anstarrend, während er zwischen
zwei Schluckaufs, zwischen zwei Auswürfen des süß-
lichen, klebrigen Schleims einfach dasaß, die Schüssel
voller Blut auf den Knien, noch immer mit derselben
bitteren Ironie, derselben befriedigten Verzweiflung
dachte: »Jetzt, mein Alter! Jetzt, was? Jetzt, jetzt ...«

Dann war es zu Ende, und von da an wechselte er auf die andere Seite jener Szenerie, in der die Leute zu leben schienen (auch er hatte dort gelebt, aber es war so lange her oder so weit weg), die in sein Zimmer kamen mit ihren sonnengebräunten Gesichtern, ihren leichten, hellen Kleidern. Sie setzten sich, redeten, mitfühlend, gerührt, verlegen, belanglos. Sie kamen auch in die Klinik, die Frauen mit ihren bunten Kleidern, ihren nackten braunen Armen, die Männer ohne Krawatte, mit aufgeknöpftem Hemdkragen, und er sah sie im lauen, grünen Halbdunkel, im graugrünen Aquariumlicht, das der Vorhang der großen, ständig winddurchbrausten Platanen zurückstrahlte: die ebenfalls grüngestrichenen Wände, das fahle Gesicht der Nonne, die Nächte, an deren Ende dennoch der Tag kommt: die ersten Fahrräder von Arbeitern vor Sonnenaufgang und dann die Straßenkehrer, die Fischhändlerin – die heisere, tonlose Stimme, die ihren Schrei ausstößt: »Schöne Sardiiinen … feiner Thuuunfisch …« – und jedesmal (ihnen lauschend, ihnen auflauernd) die Lust, die herzzerreißende Lust, der Radfahrer zu sein, der Straßenkehrer, der Besitzer einer dieser Stimmen von draußen und …

Es war eine Art geschlossene, bizarre, exklusive Welt mit ihren Gerüchen nach Formalin, fader Küche, ihren mit leisem Linoleum bedeckten Fluren, dem Rascheln der schweren gestärkten Röcke, dem unerbittlichen festen Stundenplan, der jeden Morgen den

kurzsichtigen kleinen Assistenzarzt zurückbrachte mit
seinem hartnäckigen Lächeln, seinen Schlitzaugen hinter der Brille, salbungsvoll wie ein Kleriker, und später,
angekündigt durch den Tumult von zugeschlagenen
Türen, Stimmen, Befehlen, der dicke Arzt, der, gleich
einem feisten, despotischen Potentaten, sein rituelles
und hierarchisch gegliedertes Gefolge hinter sich herzog. Und um sein Bett geschart, betrachteten sie ihn
mit ihren Roßtäuscheraugen, während ihre Lippen
die ebenfalls rituellen Worte sprachen, rituelle Scher-
ze, in jenem zerstreuten, überdrüssigen Tonfall, den
man gegenüber Kindern und Idioten anschlägt, ohne
aufzuhören, ihn zu beobachten, zu belauern (ihre Blik-
ke gleichsam von den Worten getrennt, vielmehr im
Schutz der Worte, auf der Hut, berechnend, scharf, wie
die von wachsamen Bauern, an die Finten der Händler
gewöhnt, an die Täuschungen der Krankheit, bewer-
tend, abschätzend).

Später sollte es häufig vorkommen, daß er sich im
Operationssaal wiedersah, in der Mitte jenes Raums,
der selbst gleichsam der Mittelpunkt war, der Daseins-
grund dieser Anordnung von gummibedeckten Fluren,
von Treppen, Zimmern mit numerierten Türen, Milch-
glasscheiben, durch die sich undeutliche längliche weiße Formen abzeichneten: eine dunkle Höhle, leer bis auf
jene Art barbarischen Thron unter der grellen Beleuch-
tung des Scheinwerfers, auf den man mittels Stufen gelangte und auf dem er halbnackt im Lichtgeriesel saß,

grotesk und königlich, während sich um ihn herum die Gehilfen schweigend zu schaffen machten, aufmerksame Offizianten irgendeines Geheimkults, die ihn mit Binden umwickelten, ihm makellose Wäsche anzogen, versehen mit Öffnungen, die Blut und Stahl forderten, den scharfen Stahl der Instrumente, deren metallisches Klirren er auf dem Tisch, auf dem man sie bereitlegte, hinter seinem Rücken hörte, grausam und kalt. Dann (aber das konnte er sich lediglich in Erinnerung rufen, es nicht aufs neue spüren, nicht erleben, weil sich niemand – ob er es nun durchgemacht hat oder nicht – das Leid und die Angst vorzustellen vermag) je tiefer die scharfen Dinge in sein Fleisch drangen – Insekten mit spitzen, präzisen, eifrigen Stacheln –, das klamme, langsame Absacken, dieses blinde Nichts, in dem er allmählich zu versinken, sich aufzulösen schien, geviertelt, an jenem dort oben über ihm angebrachten Arm befestigt, indes er die Schweißbäche aus seinem Körper hervorquellen, in mannigfachen Strängen über seine Haut rinnen spürte, dann jenes präzise Feuer, das ihm zusetzte, beharrlich, erbarmungslos, und plötzlich, das Stöhnen hinwegfegend, der Schrei, den er aus sich hervorbrechen hörte, ihn überraschend, wütend, ohnmächtig, gedemütigt, empört …

Draußen das abnehmende Licht eines Sommerabends, das Gleiten eines Segels über den Fluß, Boote mit blinkenden Rudern, und von seinem Bett aus konnte er, als sie ihn aufgerichtet hatten, kerzengera-

42

de dasitzend, steif, erschöpft, durch den rauschenden Vorhang der großen Platanen hindurch die nackten Körper der kleinen Jungen sehen, die am Ufer entlang rannten, einander verfolgend, unter Wasser tauchend und, als die Schatten länger zu werden begannen (während das grünliche Halbdunkel sich verdichtete und er im Spiegel des Schranks ihm gegenüber nur noch mit Mühe sein bleiches Phantom erkannte), auf komische Weise hinter den Büschen hüpfend, verlegen in ihren Kleidern, indes der ewige Nachzügler, erst halb wieder angezogen, hinter den anderen herrannte.

Aber jetzt gab es bestimmt keine Segel mehr, weder Kanus noch Kinder, und auch dort fiel wohl der Regen auf die verödeten Ufer, wie er seit Mitte Oktober alle Tage ununterbrochen auf die Schornsteine, die glänzenden Dächer im Rahmen des Fensters gefallen war. Manchmal ließ er ein oder zwei Stunden nach, fiel dann von neuem, geräuschlos, leicht, und er konnte sehen, wie die kaum getrockneten Ziegel sich nach und nach wie mit Firnis überzogen, erneut den aschgrauen, trüben Himmel widerspiegelnd.

Es waren stets dieselben Fassaden, dieselben Dächer, und wenn er zufällig gestorben wäre, wären sie immer noch da, und zweifellos gab es nur dies und nichts weiter: die mit Schlämmkreide geweißten Kinderschuhe und -handschuhe, die Sonntag morgens im August auf der Fensterbank gegenüber trockneten, und am Abend die beiden molligen Schwestern, die

spät aus irgendeinem Kino oder irgendeinem Tanz-
lokal des Viertels heimkehrten: die erhellten Fenster,
das Lichtquadrat, plötzlich auf die Wand des Zimmers
projiziert, von dem aus er, noch immer liegend, ohne
schlafen zu können, sie geräuschlos hin und her gehen sah, sich nach und nach entkleidend (ihre aus dem
schwarzen Unterrock ragenden milchigen Schultern
und Arme), in unverständliche nächtliche Beschäfti-
gungen vertieft. Und so konnte er, Tag für Tag, dazu
verurteilt, an derselben Stelle dort liegenzubleiben,
mit diesem in ihm kauernden Tod, gegen den man
aufmerksame Vorsichtsmaßnahmen ergriff, durch
die beiden Fenster der großen weißen Fassade dieser
stummen, rätselhaften Pantomime zuschauen (eine
ganze Familie schien in den zwei Zimmern zu wohnen,
und sicherlich nicht wohlhabend, denn die Fensterläden waren nur eine Woche geschlossen geblieben, um
den fünfzehnten August herum, worauf er sie wieder
gesehen hatte: die beiden Schwestern, den Bruder, der
lange seine Jacke bürstete, bevor er ausging, die gewaltige Mutter, die Kleine, die sich stundenlang aus dem
Fenster beugte und in den Hof schaute), konnte, wie
durch Risse hindurch, Fasern vorheriger Existenzen,
Teile seines eigenen Lebens sehen, in dem er sich auf
die gleiche Weise betrachtete, wie er diese vertrauten
und unbekannten, von einem Ameisenleben in Be-
schlag genommenen Gestalten sich bewegen sah. Risse. Wie jene Wunden, die die alten Soldaten, lächerlich

und bedauernswert, beim Vorbeiziehen der siegreichen Generäle zur Schau stellten, ihre bleiche Haut entblößend: Erinnerungen, fahle Narben auf dem verblaßten Hintergrund der Zeit.

Tänzerinnen

WORT FÜR WORT

»… und dann haben wir uns an einen kleinen Tisch gesetzt, und da kommt doch dieser arme Teufel, der so furchtbar schlecht aussieht, angeblich die Blase, wie er behauptet, davon abgesehen hat er das typische Aussehen eines Schwindsüchtigen, und wir fangen an über die Blase, die Leber und so weiter zu reden, und plötzlich merken wir, daß alle uns anschauen: ›Also‹, sagt Geneviève, ›also ihr wenigstens versteckt euch nicht, um zu flirten!‹ (reichen Sie mir doch bitte die scharfe Sauce, vielleicht wird dieser Huhn genannte alte Hahn dann genießbar, danke), ja: in Wirklichkeit schleppte sie so einen Kerl mit sich rum, der sich an sie herangemacht hatte und ihr nicht von der Seite wich, weil natürlich … Doch, es war sehr gelungen: nicht eben prächtig, aber doch sehr gelungen; er war ein Koch aus dem Périgord, der alles für sie zubereitet hat, wissen Sie, kaltes Huhn, russischen Salat, Roastbeef … O ja: in Hülle und Fülle! Kurz gesagt, als alle da waren, jeder mit seinem kleinen Teller in der Hand, da hatte jeder, wie Sie sich denken können, natürlich nur den einen Gedanken: eine kleine Ecke zu finden, um sich hinzusetzen, also hat sich die Hälfte von ihnen auf der Terrasse niedergelassen, Sie wissen schon: entlang der Balustrade, und die andere auf den Treppenstufen (aber Sie haben mir ja die scharfe Sauce gereicht! Ich meine: die furchtbar scharfe. Das verbrennt einem ja den Mund, Sie hätten mich warnen sollen, ich habe vier Löffel drangetan!), ja: und dann ist eine Art Nutte gekommen, nun ja, nicht ganz eine Nutte, Sie verstehen, was ich meine: mit einer Orangenhaut, sehr schönen großen blauen Augen und in einem exquisiten Kleid von Dior, sie scheint nämlich nur bei Dior arbeiten zu lassen, und er bezahlt, er hat's ja, er dekoriert nämlich alle Boutiquen in der rue Saint-Honoré, aber todschick, weißt du, zum Beispiel sagte er zu Pascal: ›Im Moment habe ich gerade Geld, soll ich dir welches leihen?‹, und natürlich, wie du dir denken kannst, hat der andere, immer sehr korsisch, sehr stilvoll, abgelehnt, übrigens ebenfalls todschick in einem blauen Renault Frégate, goldene Armbanduhr, Seidenhemd …, dann hat er uns alle zum Essen eingeladen, aber du weißt ja: diese Restaurants werden weit überschätzt: ich habe Hechtklößchen bestellt, na ja, es waren Klößchen in Hechtwasser, allerhöchstens … Und die Preise! Rate mal, was ich gezahlt habe oder vielmehr was Daniel für mich gezahlt hat im Hotel von O…: dreitausendsechshundert für ein kleines Zimmer! Passabel, aber trotzdem, natürlich mit Bad, aber es lag ganz am Ende des Flurs. Aber so ist er nun mal: beim Rausgehen hat er zu dem Mädchen an der Garderobe gesagt: ›Hier, ich glaube, ich hab dir schon lange kein Trinkgeld mehr gegeben?‹, und schiebt ihr einen Fünftausender rüber. Einfach so. Also, du kannst sagen, was du willst, aber so ein Mann … Ich kann nicht anders: es ist mir egal, ob ein Mann nicht schön ist oder nicht mal stark oder nicht mal gesund: aber ich möchte, daß er intelligent ist und ein Minimum an Vornehmheit hat, ja: ein Minimum an Vornehmheit und Feinheit, weil …«

*

Unter dem Torbogen, der auf die Straße geht, tauchen zuerst die Musiker auf. Sie scheinen sich durch ein Element zu bewegen, das jegliche Schwerkraft aufhebt, langsam vorangehend auf ihren schwindenden Schatten, blaß wie diejenigen, die das erschöpfte Licht auf dem Grund des Wassers zeichnet, zerstreut durch die flüssige Schicht, in der sich waagrecht die schlaffen herzzerreißenden Algen des Trauermarschs wiegen, während die friedliche Musik der mannigfachen samtglänzenden Blechinstrumente anschwillt und sie langsam vorüberziehen in ihren dunklen Sonntagsanzügen, ihren ungeschickten Krawattenknoten über den frischen Hemden, noch fortdauernd (die Musik) nachdem der letzte von ihnen verschwunden ist, gleich einer hartnäckigen Spur, als wäre hinter ihnen die Straße jetzt bespannt mit einem Teppich aus Trauerschleiern.

Dann, immerfort starr, immerfort mit jener irrealen Langsamkeit voranschreitend, vier Männer, die die vier Ecken eines großen schwarzen Stoffvierecks halten.

Auch sie verschwinden. Dort hinten bahnt sich die Musik, feierlich und schmerzhaft, weiterhin einen Weg, als drängte sie die Zeit, die Zuschauer beiseite, vor dem Leichenzug Leere schaffend. Dann erscheint, das Geräusch des von den Rädern zermalmten Kieses hinter sich herziehend, ein ausgemergeltes Pferd. Der Mann, der es am Zaum hält, ist derselbe, der die Abfälle der Stadt aufsammelt. Es ist auch dasselbe Pferd, das den Kippkarren zieht. Deshalb muß derjenige, der die Erlaubnis zur Beseitigung des Unrats bekommen will, unbedingt ein schwarzes Pferd vorweisen.

Nach der Musik, nach dem Sargtuch, nach dem Karren (man könnte meinen, auch er wäre gleichsam das Geripppe eines Leichenwagens, so wie das, was ihn zieht, das Geripppe eines Pferds ist), hinter der Gruppe der Männer dann die Schar der Frauen unter den Mantillen, die ihr Haar bedecken, ergeben, schmächtig, und mit ihnen jener feuchte schwammige Geruch der Wehklagen, die Tränen, das unzüchtige Gemurmel des Schmerzes, das sich im schmächtigen, verstohlenen, gleichgültigen Getrippel der fernen Verwandten, der Fremden, der Nachbarinnen tuschelnd dahinschleppt, während da hinten die verstummte Blaskapelle auf den Toten wartet, ihn empfängt, ihn in die entfalteten Schweißtücher der Stille hüllt.

In der blendenden Sonne trägt eine schwarzgeklei-
dete Frau mit lila Strümpfen, etwas fettleibig, hinkend,
immerfort aufrecht, ein Gebinde leuchtender Blumen
vor sich her, ebenso groß wie sie.

*

In den Autobus nach Monte-Carlo steigend, Schlag
acht Uhr abends, jenes farblose Paar (er etwa sechzig, sie etwas füllig, in einem grauen Voilekleid, mit
dem Aussehen einer wohlhabenden Hausfrau), wobei
der Mann säuerlich anmerkt, daß er, wie immer, den
gleichen schlecht gepolsterten Sitz erwischt hat (sie
sind also Stammgäste der Linie), die Frau gleichgültig,
kaum sitzend, die begonnene Unterhaltung fortsetzt,
schimpfend (sie hat, sagt sie, fünfzehntausend Francs
verloren), sich anklagend, nach dem Verlust der ersten
fünftausend Francs leichtsinnigerweise beim Trente-
et-Quarante geblieben zu sein, statt zum Roulette zu
gehen, wie sie es ursprünglich vorgehabt habe, den
Croupier beschuldigend, der sie mit aller Gewalt zwin-
gen wollte, sich an jenen Tisch zu setzen, der ihr nicht
gefällt, die komplizierte Geschichte von Spielmarken
erzählend (ganz so als ob sie, vom Markt zurückkehrend, von einem Streit zwischen ihr und dem Händler
oder einer anderen Käuferin berichtete), sich kurz unterbrechend, um ihrem Mann zuzuhören (anscheinend

trennen sie sich, sobald sie das Casino betreten haben, und spielen jeder für sich), der von dem Ägypter spricht, der so viel gewonnen hat, ihn, bevor er geendet hat, unterbrechend: »Weißt du diese italienische Gräfin die letztes Jahr in Vichy war wir haben miteinander gesprochen sie sagte mir was machen Sie dieses Jahr ich sage ich verliere na ja ein wenig da sagt sie meine Liebe ob Sie's mir glauben oder nicht seit einem Jahr habe ich eine unglaubliche Pechsträhne ich bin bei achtzehn Millionen in einem Jahr!«

In Nizza steigen sie aus und entfernen sich mit kleinen Schritten, untergehakt.

*

Durch das Fenster kann man die ockergelben Fassaden der Häuser sehen und dahinter aufgespannt wie einen Bühnenhintergrund den zu blauen undurchdringlichen Himmel. Sie sind zu dritt in dem Büro. Der Magere redet: »Unser Haus«, sagt er, »hat verstanden, daß man heutzutage vor allem auf die Qualität achten muß. Unser Direktor in Paris ist ein dynamischer junger Mann …«, und während sich die energischen, naiven Sätze aneinanderreihen, betrachte ich sein verwüstetes Gesicht, umrahmt von weißen Haaren, die zu beiden Seiten der Stirn herabhängen, von einem Mittelscheitel geteilt, seine hageren Hände, die mir eine Reklametafel reichen, auf der sich von einem Hintergrund aus Weingärten und Bergen, vor denen man, Grau in Grau, das Reiterstandbild eines Generals mit Käppi sehen kann, schräg eine Flasche mit präzise dargestellten Reflexen abhebt, deren Etikett getreulich dieselben Weingärten, dieselben Berge und dasselbe Reiterstandbild wiedergibt.

Sie haben mich in einem tiefen Ledersessel riesigen Ausmaßes Platz nehmen lassen und einen Standaschenbecher vorgerückt. Der Typ redet weiter: das Weiß seines makellosen Kragens sticht von der erdigen Tönung seiner Haut ab. Auf einem Tisch stehen Reihen etikettierter Probefläschchen, und an den Wänden sind weitere Exemplare der gleichen Reklametafel zu sehen, wie er sie mir gezeigt hat.

Von draußen dringt der Verkehrslärm herein. Unter den leichten Schatten der jungen Platanen, die entlang den Cafés den Platz säumen, parken zwei oder drei Busse in schreienden Farben (grün und rot, ochsenblutfarben, königsblau), in riesigen Buchstaben die Namen der Dörfer tragend, die sie anfahren, und im staubigen Licht folgen einander die Lastwagen, die rosa Karren (die Farbe, die das ursprüngliche Rot unter der pulvrigen Schicht aus Staub oder getrocknetem Schlamm annimmt), die schwarzen Citroëns der Makler, die gespenstischen Karawanen knochiger Pferde, gelenkt von Zigeunern, die Peitschen mit gedrechselten Griffen knallen lassen, an den Kinoplakaten entlangfahrend, den unter den Küssen verzückt nach hin-

ten gebogenen Gesichtern von Hollywood-Schauspie-
lerinnen, sich in den Schaufenstern widerspiegelnd,
in denen reglos die Kleiderpuppen mit den irrealen
Bewegungen, dem irrealen Lächeln, in irrealen Gewändern stehen.

Ich frage mich, was der magere Typ von den Sätzen
hält, die er abspult. Das heißt, ob er sie wirklich für über-
zeugend hält, ob er zu verfolgen oder zu erraten sucht,
wie diese Art geschwätzige Parade auf mich wirkt, die
Prospekt und Werbesprüche verwendet (ebenso irreal
wie die Gesichter von den irreal blonden Schauspielerinnen, die Kleiderpuppen, die adretten Weinberge und
das auf dem Etikett abgebildete glorreiche Reiterstandbild des Generals) und die sich kindisch, ausgiebig und
hohl wie ein beleidigendes Dementi jenes besorgten,
grimmigen Gesichts ausbreitet, aus dem sie hervor-
kommt, ebenso seriös wie das amerikanisch möblierte
Büro. Oder vielleicht denkt er an nichts. Vielleicht ist
dies alles gewissermaßen eine Art Ritus, wie die unnüt-
ze Parade der Pfauen, die den Fächer ihres schillernden
Schwanzes entfalten, vielleicht ist es wie im Orient eine
obligatorische Zeremonie, in deren Verlauf, bevor der
eigentliche Handel beginnt, endlos hochtrabende oder
lobhudelnde Worte ausgetauscht werden. Das Verhalten der beiden anderen könnte darauf hindeuten: der
junge mit dem Bürstenhaarschnitt, dem bunten Pull-
over, der von Zeit zu Zeit mechanisch auftrumpft; der
Dritte, fett und gelassen hinter seinem Schreibtisch,

der an einen in einem Chorstuhl sitzenden Domherrn erinnert, mit seiner stummen Anwesenheit dem Offizianten beistehend, ohne Ungeduld und ohne Glauben darauf wartend, daß ein langweiliger und vertrauter Gottesdienst ein Ende nimmt.

Person mit großen Füßen

WIE VERDÜNNTES BLUT

Dieser Name (Frascati), der in mir, zuerst vermutlich durch die Evozierung wirrer Erinnerungen an Museen, dann durch eine Reihe von Gedankenassoziationen und Empfindungen, sowohl ländliche (langsam sich wiegendes raschelndes Laub, Brunnen, Wasserfälle) wie wollüstige Bilder hervorrief (letztere vielleicht wegen der Art, wie zwei Wörter – *frasque** – nicht sehr weit entfernt von *fiasque** – und Chianti sich zu einem einzigen verbinden), und der unaufhörlich in den Gesprächen der »Älteren« wiederkehrte, beschworen als ein leicht sagenumwobener, legendärer Ort, zu dem ich lange nicht gehen konnte (ich weiß nicht mehr genau, aus welchen Gründen: anfangs wegen des Reglements, das in den ersten Monaten des Militärdiensts die jungen Soldaten in der Kaserne festhielt, dann, als wir ausgehen durften, wohl ganz einfach, glaube ich, aus Mangel an Gelegenheit (da keiner von uns mit einem »Älteren« befreundet war, der ihn mitgenommen oder vielmehr eingeführt hätte) und auch aus mangelnder Lust (da wir vermutlich dunkel ahnten, welche Art von Zerstreuungen ein Garnisonstingeltangel im Osten zu bieten hatte, so daß wir, auch ohne uns abgesprochen zu haben, unseren sonntäglichen Ausgang mit einem Kinobesuch füllten, gefolgt von einem Abendessen im Restaurant, bevor wir geradewegs in die Kaserne zurückkehrten, ohne daß wir lange Zeit überhaupt auf die Idee kamen, eine Mitternachtsgenehmigung zu beantragen)). Zum ersten Mal trat ich an einem Tag im Mai dort ein, wahrscheinlich getrieben, ungeachtet unserer Vorurteile – und nicht nur Vorurteile, sondern der Quasi-Gewißheit, daß alles zusammenbrechen werde, was mehrere Monate lang, trotz unseren geringen Illusionen eine Art abstraktes Symbol gewesen war, an dem sich unser Hunger nach Vergnügung und Ausschweifung kristallisieren konnte –, getrieben also von Neugier oder einfach von Langeweile, was zu der Tatsache hinzukam, daß die Örtlichkeit, die sich etwas außerhalb der Stadt auf der Straße nach Nancy befand, an schönen Tagen ein Ausflugsziel war – wobei jener Name im übrigen nicht, wie ich gemeint hatte, der des Lokals (Tanzdiele, Gastwirtschaft) war, mit dem der Wirt sein Haus geschmückt hätte, sondern, aufgrund eines jener spaßigen Zufälle der Ortsbenennung, der Flurname, da die Straße an dieser Stelle zu dem Hügel hinaufzusteigen begann, der schon immer wer weiß warum Frascati hieß (eine Bezeichnung, die um so zwiespältiger klang, als während des Kriegs von 14-18 die Front eine Zeitlang an einer Linie zum Stillstand kam, deren Hauptziel unter anderen der Hügel gewesen war, also ein Ort vermutlich ziemlich blutiger Kämpfe, da auf seinem Gipfel, etwas unterhalb der Stel-

le, ab der die Straße bergab führte, eine Art Gedenko-
belisk errichtet worden war, was noch zum Klang dieses
hybriden Namens hinzukam (in »Frascati« steckte auch
»*fracas*«, Getöse), so daß ein anderes Bild – oder wenn
man lieber will eine andere »harmonische Schwingung«
– die ersten Vorstellungen überlagerte: diesmal ein etwas stereotypes Bild im Épinal-Genre, in dem ich (vermutlich wegen des italienischen Klangs des Wortes) inmitten von Granatexplosionen in Form roter und gelber
Federbüsche undeutlich die Silhouetten von Offizieren
mit gezogenem Säbel und mit dem Bajonett angreifen-
den Soldaten in der Uniform der päpstlichen Zuaven
und nicht die Kämpfer von 14 sich abzeichnen sah.

wobei der Ort mir übrigens in diesem Augenblick
nicht mehr fremd war, denn wir waren während des
Exerzierens oder im Lauf von Übungen oder Manövern
mehrfach hier vorbeigekommen, so daß wir sein Äuße-
res kannten (erwartungsgemäß wenig einladend: eines
jener zeitlosen Häuser am Rand der Landstraßen kurz
hinter den Städten, das heißt halb städtisch und halb
ländlich (und offen gesagt eher ländlich als städtisch)),
bald in Tankstellen oder Garagen umgewandelt, mit ihrer verfallenen Fassade, ihren zu neuen grellbunten Re-
klametafeln, einem Anbau mit Wellblechdach, der sich
an eine der alten Mauern schmiegt und ein paar kaputte
Autos oder Lieferwagen für den Viehtransport beher-
bergt, unter denen beim Hupen des Fahrers ein Typ in
fleckigem Overall hervorkriecht, mit dem Gesicht, den

Händen und dem Gang eines Bauern, der langsam herbeischlurft (bei schönem Wetter in braunen Pantoffeln mit Karomuster, in schwarzen Gummistiefeln, wenn es regnet), mürrisch und verdrießlich – oder auch, wie hier, in eine Gastwirtschaft umgewandelt, eine Laube mit verrostetem Gestänge, unter der ein paar einst grüngestrichene Tische und Stühle vor sich hin rosten, während sich ein paar Kästen mit Spindelbäumen oder Liguster vor der Fassade aneinanderreihen, auf der Getränkereklamen (Bier »La Meuse«, Suze »Enzian-Aperitif«, Byrrh) die Werbung für Öl- oder Reifenmarken ersetzen, die Tür mit den alten Treppenstufen auf einen kalten und kahlen großen Saal mit Wänden in grellem Orange geht, geschmückt mit langen Spiegeln ohne Rahmen, auf deren Ränder mit der Hand und in Öl (in dickem, teigigem, unbeholfenem Farbauftrag) naive Rosen- oder Kameliengirlanden gemalt sind.

ich erinnere mich nicht mehr, ob es Stühle gab oder einfach nur Bänke an einfachen Holztischen in einer schauderhaften braunen Farbe rings um den in der Mitte des großen Saals freigelassenen Raum: keine gebohnerte, spiegelblanke Tanzfläche sondern ein abgeschliffener mit Chlorwasser gescheuerter Holzboden wie die Mannschaftsstuben der Kasernen mit Sägemehl ausgefegt und mit denselben schleimigen dunklen und feuchten Achten besprengt auf denen die schweren genagelten Stiefel der Artilleristen sich im Kreise drehten mit ihren massiven Sporen ihren schwarzen Gamaschen

60

ihren mit jenem hartnäckigen leichten Geruch nach
Pferdemist getränkten Uniformen der sich vermischte
mit dem billigen zu Kopf steigenden Parfum der Dienstmädchen mit den reizlosen kränklichen oder pausbäk-
kigen Gesichtern in ihren weißen oder rosaroten Blusen
ihren Röcken aus glänzender schwarzer Seide denen irgendein gewaltsamer, trübseliger und zugleich obszöner
Geruch entströmte: die wolligen krausen Dauerwellen
der nicht blonden sondern vielmehr wergfarbenen Haare, schweißfeucht, über fetten weißen Nacken, eine Art
brutaler Unschuld dieser Art von wilder Zurschaustel-
lung die sich zu den Klängen einer schmalzigen Musik
abspielte vom Kopf in gewaltsame krasse Wörter über-
setzt wie in jenem alten Chanson in dem von einer bärtigen F… die Rede ist, das war es: vermochte, glaubte sie
gewissermaßen zu sehen unter den wirbelnden Röcken,
kraus blöder Mund senkrecht klaffend feucht in den
nassen Haaren töricht ein faunischer Ziegenbart zwischen den weichen und fahlen Schenkeln während auf
dem gräulichen Boden die seidigen Dienstmädchen und
ihre rauhen Vliese sich weiterhin im Kreise drehten, die
himmelblauen Uniformen der Artilleristen in einem
Sog von Stallgeruch umschlingend, mit ihren klirren-
den Sporen, ihren Kragen mit den hellroten Spiegeln, einer Farbe wie verdünntes Blut, auf denen in Schwarz die
beiden Zahlen der Nummer ihres Regiments standen.

* *frasque* = Unfug, Streiche; *fiasque* = strohumflochtene, dick-
bäuchige Weinflasche in Italien

Gravüre

BAUMATERIAL

I

Beißender und zu Kopf steigender im Haus stagnierender Essiggeruch: sie hatte die Angewohnheit den Rest der Flaschen in zwei Steingutkrüge zu gießen bedeckt mit Stücken gräulichen und löchrigen Tülls (was dazu zwang ihn doppelt aufzulegen so daß ein Loch immer einem unversehrten Teil entsprach), eines Tülls jenem Brautschleier ähnlich der er nie gewesen war.

Das wimmernde Kind im Wagen mit der kaputten Federung aufgeklapptem Verdeck ein Rechteck aus der gleichen farblosen und ebenfalls löchrigen doppelt übereinandergelegten Gaze über dem Verdeck ein Zelt bildend um es vor den Fliegen zu schützen.

Man spürte sie auch im Haus winzig lästig eher Mücken als Fliegen schwarze Punkte mit winzigen Flügeln peinigend sich niederlassend verschwindend leichtes Kitzeln Miniaturen von Insekten.

Essigfliegen sich fortpflanzend vermehrend in einer Geschwindigkeit die es anscheinend ermöglicht an ihnen die Mutationen dieser wie heißen sie (Chromo-

somen, Gene?) Elemente zu untersuchen deren Verän-
derungen die Entwicklung der Art bestimmen.

Mehrere Generationen innerhalb weniger Stunden
(oder Tage) so daß es scheint als liefe neben unserer
Zeit eine andere Zeit mit größerer Geschwindigkeit ab
wie ein Eilzug der einen Bummelzug überholt.

Erinnerte mich ich weiß nicht warum (vermutlich wegen seiner Arbeiten über den Wein die Gärung
die Hefen) an jenen Gelehrten den ich mit Verärge-
rung dann mit Wut während meiner ganzen Kindheit
als Beispiel vorgehalten bekommen hatte, hörte ihn
noch in jenem eifrigen schulmeisterlichen Ton und
mit schmerzhaft beleidigtem Gesicht wie um Hohn-
gelächter oder Blasphemien zuvorzukommen mir den
Satz wiederholen den er eines Tages gesagt haben soll
»Ein wenig Wissenschaft entfernt uns von Gott viel jedoch führt uns zu ihm zurück«, sah auch sein heute
in ein Museum umgewandeltes Wohnhaus wieder (im
unteren Teil der Stadt) mit einer gravierten Marmor-
platte auf der ganz und gar von wildem Wein bedeckten Mauer, eine Wand aus dunkelgrünem im Herbst
rot werdendem Laub, ein Haus das in meinen Augen
gleichsam ein Symbol wohlanständiger Nüchternheit
war das letzte zur Linken bevor man zur Brücke kam,
man hörte das stete Geräusch des Flusses der in einer
Reihe kurzer Wasserfälle die Stadt hinabfloß vorbei
an den Schlachthöfen den Mühlen der Diamanten-
schleifer, von dunkelgrüner undurchsichtiger Farbe

64

allmählich immer schmutziger einen faden Geruch
nach Schlick und Kloake ausdünstend, schließlich
(unter der Brücke) nur noch ein Rinnsal stagnieren-
des Wasser verschmutzt von Gemüseabfällen Papieren
leeren halb eingesunkenen Konservendosen die langsam auf der staubigen dunklen und übelriechenden
Oberfläche zwischen den klebrigen Ufern trieben, und
dem Haus gegenüber befand sich eine Garage mit einer Reparaturwerkstatt die Fassade übersät mit grellbunten Reklamen für Schmieröl- oder Reifenmarken,
Veedol: ein junger Mann in Khakihemd und blauem
Overall mit Latz und Hosenträgern über den muskulösen Oberarmen hochgekrempelte Ärmel onduliertes
(ölverschmiertes) Haar mit sieghaftem Lächeln dem
Betrachter einen Kanister entgegenstreckend der so
aussieht als spränge er gleich aus dem Plakat heraus,
oder auch Hutchinson: ein zotteliger Scherenschleifer
mit struppigem Bart einen akkordeonartig gefalteten
Zylinder auf dem Kopf auf einem Autoreifen ein Kü-
chenmesser schärfend, betrachtet von einem erstaunt
wirkenden kleinen weißen Hund (Mops), die Gerüche
von Benzin Schmieröl und Gummilösung sich in der
Augusthitze mit den säuerlichen Dünsten mischend
die aus dem Fluß aufsteigen.

das Haus, die Blätterwand, und derjenige der dort
gewohnt hatte jetzt in Bronze auf einem Bronzeses-
sel in der Mitte des mit Bäumen bestandenen runden
Platzes am Ende der Promenade wo jeden Monat der

Viehmarkt abgehalten wurde, waren auf Postkarten für Touristen ebenso abgebildet wie der Kirchturm und die Türme der ehemaligen Wallanlagen, Postkarten mit künstlerischem Anspruch abgezogen auf sepiabraunem oder blauem Papier mit einem Weichzeichner der die Statue den Kirchturm den Wasserfall bei den Schlachthöfen oder den alten Turm in einem weißen Lichthof erscheinen ließ so wie man zuweilen die Dinge sieht wenn man sie in der Erinnerung heraufzubeschwören versucht das heißt wenn ein jedes oder nur ein Detail mit photographischer Genauigkeit jedoch durch eine Art Nebel von seinem Umfeld isoliert erscheint; ich erinnere mich daß sich auf allen vier Seiten des Sockels ein Relief aus ebenfalls grünschwarzer Bronze befand von denen das eine die berühmte Episode des ersten Impfstoffs darstellte der an dem von einem tollwütigen Hund gebissenen jungen Schäfer ausprobiert wurde (dessen Geschichte mir mehrfach erzählt worden war ausgeschmückt mit einer Reihe legendär gewordener Details so daß eine Art exemplarische und etwas einfältige Saga daraus entstand die sich in meinem Geist vage (vermutlich wegen des Kampfs den der junge Hirte angeblich mit dem Hund geführt hatte gegen den er sich wacker mit Fußtritten zur Wehr setzte) mit derjenigen der Ziege von Monsieur Seguin vermengte), der mit bekümmerter strenger Miene auf einem Stuhl sitzende Gelehrte eine Art zylindrische Kappe auf dem Kopf dem Kind zugewandt das von einer Nonne mit

großer Flügelhaube wie für eine Opferung zu ihm gestoßen wurde die Hand des alten Gelehrten bewaffnet
mit einer Spritze in Höhe des Unterleibs des Kindes
eine Gruppe von bärtigen ernsten hinter dem Stuhl
gescharten Herren die die Szene betrachten oder miteinander sprechen vermutlich mit leiser Stimme denn
ihre Köpfe sind zueinander geneigt wie bei Leuten die
miteinander flüstern.

II

Zu jeder Tages- und Nachtzeit brannte das elektrische
Licht in seinem Büro oder zumindest das was man so
nannte denn durch die ständig geschlossenen Fensterläden drang nur ein dünner Streifen des blendenden und
sengenden äußeren Lichts obgleich schon durch das rostige Fliegengitter gedämpft und trotzdem noch immer
so stark daß man nicht ohne geblendet zu werden auf
diesen Spalt schauen konnte wo das Licht zu kochen
schien wie eine Säure das heißt sich hereinzwängend
die fast geschlossenen Ränder der Fensterläden zerna-
gend verätzend deren klare Linie man erst am Abend
langsam wieder zu erkennen vermochte wenn es ein
wenig nachließ, der einzige Augenblick (die Dämmerung) in dem er sich entschloß sie aufzustoßen im auf-
reizenden Knirschen der Staubkörner die ebenso trok-
ken waren wie der vom Wind dort angehäufte Sand der

zwischen dem unteren Teil des Fensterflügels und der Brüstung eingeklemmt sie schließlich mit einer Vielzahl konzentrischer weißer Kreise zerkratzt hatte von winzigen Kieselpartikeln in den grauen Stein geritzt, aber sogar dann (tatsächlich bei fast hereinbrechender Dunkelheit) brannte die Glühbirne die nackt unter dem Blechschirm hing dessen Farbe (unten weiß, oben grün) abblätterte (und genau genommen nicht hing – das heißt lotrecht unter dem Punkt wo der Draht aus der Decke kam (in deren Mitte) – sondern herübergezogen war (das heißt das Ganze: die Glühbirne der Schirm, das dreifach um die Gleitrollen geführte Kabel und das eiförmige Gegengewicht aus weißem Porzellan) mit Hilfe einer Schnur die notdürftig um einen in die Wand geschlagenen Nagel über dem Schreibtisch geknotet war um ihn besser zu beleuchten) sogar dann also brannte die Glühbirne nur mit dem Unterschied daß man einen Moment lang (den Moment der die Dämmerung von der Nacht trennte) ihren glühenden gelblichen Faden erkennen konnte ohne geblendet zu werden, wohl nicht nur weil jetzt das von außen hereindrängende Licht stärker war sondern weil sie (die Glühbirne) alt und erschöpft war (und scheinbar unvergänglich wie es die Anhäufung von Fliegendreck vermuten ließ der von vielen Jahren Gebrauch zeugte); dann begann sie erneut zu leuchten, das heißt daß nach jener kurzen und zweideutigen Zeitspanne in der die beiden Lichter (das natürliche und das künstliche) be-

rechtigt miteinander zu rivalisieren schienen (das eine
– das des Tages – ungestüm ephemer fast augenblicklich ersterbend als hätte sein jäher Einbruch sein jähes
Eindringen in diese verbotene Welt und sein brutaler
Sieg mit einem Schlag all seine Kraft aufgezehrt, indes
das andere, beständig, gleichgültig, nach und nach sein
Terrain wieder in Besitz nahm), nach dieser halben
Stunde also (selten mehr) die gleichsam eine Konzes-
sion an jenes Prinzip oder jenen Brauch zu sein schien
der besagt daß es in einer Periode von vierundzwanzig
Stunden eine dem Tag vorbehaltene und eine der Finsternis vorbehaltene Zeit zu geben hat, erhellte sie von
neuem allein mit ihrem gleichmäßigen zeitlosen und
gelben Schein das schmale Zimmer das mit einer grünlichen gestreiften Tapete ausgekleidet und fast ganz
angefüllt mit einem jener stillosen Schreibtische war
nicht aus Ebenholz sondern aus einfachem schwarz-
gestrichenen Holz mit gedrechselten Beinen und über-
ragt von einem Ablageregal in dem sich Papiere sta-
pelten oder sich vielmehr über ihn ergossen (eine Art
stachelige und wirre schiefe Ebene bildend) ein Wust
aus alten Rechnungen, Lohnzetteln, Geschäftsbriefen,
Korrekturtabellen für Mostmeter oder Alkoholome-
ter, Briefe Rechnungen oder Zahlenkolonnen einheit-
lich mit zerfließenden klebrigen blaßlila Kreisen oder
Halbkreisen befleckt hinterlassen von den Sockeln der
Reagenzgläser die er nahezu überall abstellte halbvoll
mit Weinmost oder destillierten Rückständen, wäh-

rend ein süßlicher und zu Kopf steigender Geruch nach
Brennspiritus und erhitztem Most ebenfalls ständig
dort zu schweben schien selbst wenn es nicht die Zeit
der Weinlese war, mich fragend durch welches Wunder
er noch nie einen Brand verursacht hatte mit diesem
Dujardin-Salleron der direkt auf dem Schreibtisch inmitten der herumliegenden Papiere stand unter dem zu
jeder Zeit wie jene ewigen Lichter jene in den Kirchen
zu Füßen der Statuen oder der Bilder von Heiligen an-
gezündeten frommen Kerzen die kleine Lampe brannte
mit ihrem wie eine Schlange im gelblichen Spiritus sich
ringelnden Docht dessen samtene Flamme geräuschlos
am Kupferkessel leckte, träge beim geringsten Luftzug
schwankend zum Beispiel wenn man den Raum betrat
und damit gleichzeitig so schien es (aus dem hellen be-
täubenden und sogar wenn man so sagen darf lärmen-
den und sogar kakophonischen Licht von draußen) ein
unveränderliches Universum betrat wo die Zeit nicht
in derselben Geschwindigkeit verrann falls sie überhaupt verrann (da hier nichts oder fast nichts den Tag
von der Nacht unterschied) und wo die nie erneuerte
Luft gleich einem grundlegenden Duftstoff die subtilen
und schweren Ausdünstungen der Zersetzung in einfache Chemikalien all dessen bewahrte was der Sommer
langsam vollendet hatte die wollüstige Vereinigung von
Sonne Wasser und Erde jetzt von neuem in elementare
Prinzipien zerlegt in dem komplizierten und staubigen Apparat mit seinen von Kesselstein überzogenen

70

Heizschlangen, seinen Zubern, seinen mit Grünspan-
flecken dichtgesprenkelten Messingteilen (oben befand
sich eine Art angeschraubter Deckel versehen mit Ein-
kerbungen wie am Rand einer Münze in dessen Rillen
sich so etwas wie Schimmel von blassem fast weißem
giftigen Grün angesammelt hatte).

Manchmal wenn er das Haus verließ um zum
Weinberg zu gehen (den alten vergilbten Panamahut
mit schwarzem Band auf dem Kopf in seinem ewigen
unförmigen und verblichenen Alpaka-Anzug der um
sein langes Gerippe schlotterte wobei die Sehnen seines
Halses zu beiden Seiten des Adamsapfels (auf denen die
runzlige sonnengebräunte Haut ebenfalls zu schlottern
schien wie eine zu weite Hülle) unter dem Kragensteg
seines Hemds verschwanden das nur mit einem riesigen
kupfernen Knopf verschlossen war, und seinem ewigen
Stock aus Ebenholz in der Hand) oder um im Keller
am Entladen eines Fuhrwagens teilzunehmen der gerade durch die Allee gekommen war zuerst angekündigt vom Knirschen des Kieses unter den Rädern dann
vom Geräusch der Ketten des Gespanns den Schreien
des Fuhrmanns das Ganze zunehmend anschwellend
zu einem einzigen steinigen metallischen sozusagen
schnaufenden und schwitzenden Lärm verschmelzend
während der Wagen am Fenster vorbeikam und sich an
der Decke des Büros aber in umgekehrter Richtung so
etwas wie die Speichen eines leuchtenden Rads drehten
dessen Nabe oder vielmehr Achse der schmale Spalt

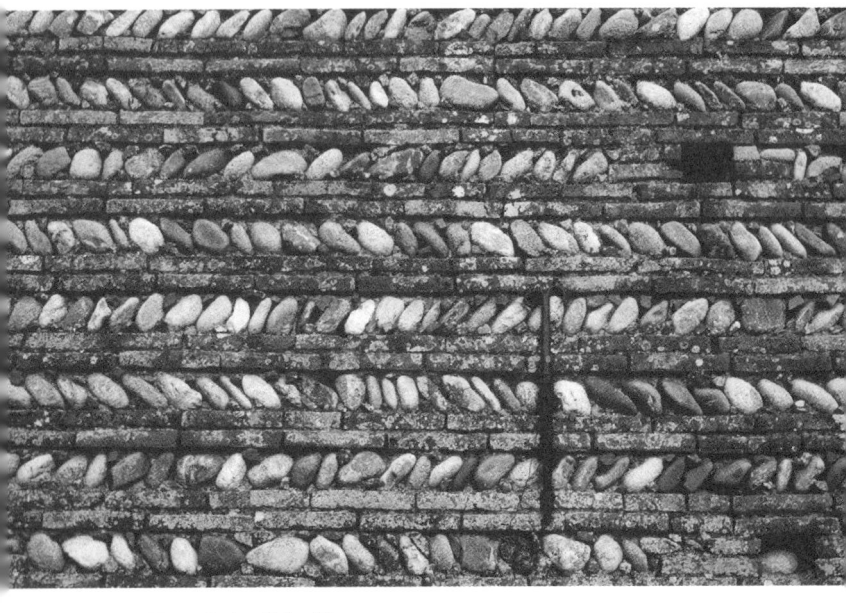

Eine Seite Schrift

zwischen den geschlossenen Fensterläden gewesen wäre (dann das abnehmende Geräusch während er in den Hof fuhr und dann man wußte nicht was, eine unmerkliche Veränderung dessen was vom äußeren Licht gleichsam diffus oder vielmehr gebrochen hereindrang matt zerstreut von der aufgewirbelten dichten weißen Staubwolke die in der sengenden Septemberluft über der Allee hängenblieb wie eine beharrliche nur langsam herabsinkende Spur), manchmal also betraute er mich mit der Aufgabe das Wiegen zu überwachen und ich blieb in diesem zeitlosen dunkelgelben Licht auf meinem Stuhl hocken die Füße auf der höchsten Sprosse die Knie hochgezogen das Kinn auf die Fäuste gestützt das Gesicht etwa in Höhe der Tischplatte mit einer Art Faszination zusehend wie sich am Ende des Gummischlauchs langsam die Tropfen bildeten in dem unmerklichen winzigen Beben das sich ausgehend von dem Kessel fortpflanzte wie das Geräusch der Stille der Zeit selbst gleich einem fernen Brodeln friedlich und grabesruhig mit dem eintönigen Summen der Insekten verschmelzend das durch das rostzerfressene Gitter zu mir drang, regungslos im weißglühenden Licht des endenden Sommers stagnierend während ich Tropfen für Tropfen sah wie im engen Hals des Reagenzglases unmerklich die konkave Oberfläche der Flüssigkeit anstieg (oder vielmehr in regelmäßigen Abständen zuckte weil man genau genommen nicht sehen konnte wie sie anstieg ebensowenig wie man die Zeiger einer

Uhr vorrücken sieht) und sich nach und nach der Markierung näherte.

Meistens jedoch sei es daß er das Haus verließ ohne mich vorher zur Überwachung des Apparats abgestellt zu haben sei es daß er sich in die Erledigung seiner Post vertiefte meistens vergaß er das Reagenzglas rechtzeitig wegzuziehen aus dem die Flüssigkeit quoll oder irrte sich dann bei seinen Messungen verlor das Stück Papier (Klappe eines Briefumschlags, Zeitungsbanderole) auf das er seine Zahlen geschrieben hatte und alles mußte von vorne begonnen werden was er im übrigen tat ohne je eine Regung des Unmuts oder Zorns zu zeigen so daß ich sogar argwöhnte seine Zerstreutheit oder seine Nachlässigkeit gehörten sozusagen zu all jenen Vorsichtsmaßnahmen die er traf wie um sich zu schützen sich in gewisser Weise Alibis gegen die Untätigkeit oder die Langeweile zu verschaffen mit jenem schlauen Scharfsinn des Gutsherrn im Kampf gegen die Elemente die er nur mit Glück oder List zu bezwingen vermochte, sich auf diese Weise also bemühend die Zeit zu besiegen (oder sich mit ihr abzufinden oder zu versöhnen oder einen Waffenstillstand mit ihr zu schließen), wobei eine seiner Waffen seiner Geheimnisse vermutlich in jener beharrlichen Zerstreutheit oder Zerfahrenheit bestand die es ihm ermöglichte in gewisser Weise die Wiederholung immer derselben Gesten zu rechtfertigen aufstehend um das nutzlose Reagenzglas in das in einer Ecke angebrachte

kleine Waschbecken auszuleeren ohne Eile zurückkehrend gekrümmt wobei es schien als schlotterte er in
jenem unförmigen Alpaka-Anzug den Kessel ausspü-
lend sich bückend um eine nach der andern die entlang
der braunen Fußleiste aufgereihten mostklebrigen Flaschen zu überprüfen mit ihren schlampig aufgeklebten
Etiketten die mit Bleistift geschrieben die Nummer
des Zubers trugen und auf denen etwas Ausgefranstes
eine Art unregelmäßiger Kamm geäderter dunkelroter
Schlieren hing und schließlich das erneut in Gang gesetzte Wiegen wieder im Tagesdunkel neben dem Apparat sitzend mit seiner ewigen Lampe die von neuem
geräuschlos das stumpfe Kupfer leckte wie die Flamme
irgendeines fern von den Blicken in der Krypta eines
verlassenen Tempels vollzogenen immerwährenden
landwirtschaftlichen Geheimkults.

III

Die zwei Männer unterhalb von mir im Bahnhof von
Narbonne betrachtend (ich im Gang des Waggons)
während der schon kalte schwarze Nachtwind des endenden Septembers über den verlassenen Bahnsteig
fegt die Lampen in Schwingung versetzt deren gelbli-
che Lichtkreise auf dem grauen Zement hin und her
wandern die Schatten der beiden Männer ebenfalls
hin und her schwanken gleich zerbrechlichen telesko-

pischen Doubles sich dehnen und verkürzen sich zu-
sammenziehen sich dann wieder strecken während sie
sich zu schaffen machen (warum? Trennung, da jeder
von ihnen von nun an in eine andere Richtung fährt?
deshalb alles wieder unter sich aufteilend was sie im
Laufe der Reise die sie hierher geführt hat zusammen-
gelegt oder vermischt hatten? – oder vielleicht am Ende
der Reise in Voraussicht eines langen Fußmarschs mit
Gepäck die Lasten ausgleichend?) um ihre geöffneten
Koffer herum wobei der eine – aus Holz – auf dem Boden steht die beiden anderen aus Sackleinen mit ver-
stärkten Ecken aus Leder (oder wahrscheinlich eher
aus Lederersatz da ihre Kanten und Schrammen schon
jenes graue pelzige Aussehen von Pappe aufweisen) auf
einer Bank liegen und der Deckel des Koffers aus weißem Holz genau gegenüber dem Waggon aufgeklappt
ist so daß man auf der Innenseite ein in Längsrichtung
das heißt waagrecht aufgeklebtes großes Foto (vermutlich die Titelseite einer Illustrierten) eines sehr jungen
blonden Filmstars mit großem Busen und asymme-
trisch auf einer Seite des Gesichts üppig herabfallen-
dem Haar sehen kann und in der anderen Richtung
(das heißt senkrecht zu dem Foto des Pin-up-Girls im
Raum zwischen einer seiner Seiten und dem Rand des
Deckels) fünf oder sechs fromme Bilder in Postkar-
tenformat und in Farbe: die Jungfrau Maria mit einem
blaßblauen Schleier über dem Kopf, ein Ziborium aus
dem zur Hälfte eine von goldenen Strahlen umgebene

Hostie ragt, Christus mit lockigem Haar und hellbraunem Bart mit seinen Händen einen rosaroten Mantel aufschlagend und mit dem Finger auf sein linnenes Gewand und dort auf ein ebenfalls von Strahlen umgebenes blutendes Herz deutend, und noch zwei Szenen mit mehreren Personen (eine Geburt Christi? eine Kreuzigung?) unmöglich zu erkennen von der Höhe des Waggons aus und im kargen Licht der Bahnhofslampen die der Wind weiterhin unablässig hin und her schaukelt.

Die beiden Männer von mediterranem Typ, dunkel, schweigsam, geduldig und ausgehungert (die Spur oder vielmehr die Saat oder vielmehr die braune Pollution oder vielmehr Ejakulation die Generationen arabischer Eroberer oder Piraten längs der Küsten verbreitet haben), der Jüngere von beiden mit sonnengebräuntem Gesicht gewelltem schwarzen Haar einem kleinen Schnurrbart auf der Oberlippe in weißem Hemd ohne Krawatte, hellgrauer Jacke, dunklerer schlabbriger an den Knien ausgebeulter Hose, und im Hemdausschnitt kann man den oberen Teil eines Unterhemds sehen, das Ganze vervollständigt durch elegante Schuhe aus rissigem gelben Leder; der Ältere klein und stämmig mit einem wie Terrakotta krakelierten ziegelroten Nacken kurzgeschorenem dichtem grauen Haar etwas vorstehendem Oberkiefer in blauviolett kariertem Hemd und gestreiftem blauen Anzug der einmal seine Sonntagskleidung gewesen sein muß weil die armen Leute wenn sie ein wenig Geld haben sich immer nur Festtagskleider kaufen können die sie dann als lachhafte Zeugnisse unmöglicher Ambitionen ständig zu tragen verurteilt sind. Dieser hatte Leinenschuhe an den Füßen.

Pausieren dann einen Augenblick um Zigaretten anzuzünden die sie zwischen Daumen und Zeigefinger halten, das glühende Ende in der hohlen Hand verbergend um es vor dem Wind zu schützen.

Worauf der Ältere gemächlich die Lunte des Feuerzeugs wieder einrollt.

Indes der Wind ihr Haar bewegt (es erschauern läßt) wie auf dem Schädel der (maurischen) Toten, die vielen kleinen Säckchen aus (rot-weiß, grün-weiß, violett-weiß) kariertem Stoff die in den Koffern neben Kleidungsstücken und gefalteter Wäsche liegen aufbläht und erbeben läßt.

Endlich schließt der Jüngere den Deckel des Holzkoffers auf dem nun in Brandmalerei (das heißt braun und etwas vertieft) der kalligraphierte Name

Jesus Nicolas Hernandez

zu lesen ist und schnürt dann umständlich eine dreimal gefaltete schmutzigweiße Decke darauf.

Nachdem die Koffer wieder geschlossen sind die Decke festgezurrt ist die letzten Sachen untergebracht sind bleiben sie nebeneinander stehen ohne zu spre-

chen still und sparsam an ihren Zigaretten ziehend vermutlich auf die Abfahrt des Zugs wartend um zu einem
andern Bahnsteig gehen zu können oder vielleicht auf
einen Anschlußzug der später eintreffen wird, und neben ihnen noch immer jener Typ mit dem Ratten- oder
Vogelgesicht (Wirtschafter? oder Gutsverwalter – oder
auch Gutsbesitzer aber eher wegen seines Verhaltens,
seines Auftretens, seiner Miene eines Untergebenen
servil und zugleich hochmütig schäbig und herablas-
send: Buchhalter, Kassierer oder Vorarbeiter) der gekommen war um auf sie zu warten und der, eine Bas-
kenmütze auf dem Kopf beide Hände in den Taschen
eines Gummimantels, ihnen zugesehen hat ohne sich
einzuschalten während sie ihre Koffer wieder pack-
ten sich darauf beschränkend hin und wieder ein paar
Worte an sie zu richten (Ratschläge, Anweisungen?),
fröstelnd griesgrämig oder einfach gelangweilt.

Auf die Bank aus grüngestrichenen Latten haben
sie einen der Koffer gestellt sowie eine jener Feldfla-
schen aus pelzigem braunen oder vielmehr farblosen
Leder, fast flach.

Trambahn

VERSUCH DES ORDNENS VON NOTIZEN
aufgezeichnet während einer Reise
nach Zeeland (1962) und ergänzt

rosa Palast im pastellfarbenen Dunst hinter jenen roten Pfingstrosenbüschen ebenfalls aus Pappe mit ver-
waschenen Farben

Flaggenknopf zuerst oberhalb des Fensterbretts leicht
abgeflachte Kugel aus honigfarbenem lackierten Holz
dann unmittelbar darüber smaragdgrüner Wimpel
klackend fast waagrecht gespannt vom feuchten Wind
dann die Schiffslaterne dann die Flagge der Schiffahrts-
gesellschaft Viereck in Schachbrettmuster das heißt vier
Quadrate zwei malvenfarben und zwei rot wobei das
Ganze sich langsam hebt wie mit Hilfe einer Theaterma-
schinerie in dem Maße wie das Wasser im Becken steigt

rosa Schaukästen in der feuchten Nacht wo Halbnackte

der andere Farbdruck an der Wand über dem zweiten
Bett: Incroyables und Merveilleuses Kammerkonzert
Harfe extravagante mondsichelförmige schwarze Hüte
Lorgnetten Tanzschritte Gehröcke aus Nanking gelb
und violett blau und weiß oder pflaumenblau gestreift
breite Revers Rockschöße zwei Knöpfe auf dem Rücken

geschwungene Waden in weißen Strümpfen Schnallen-
schuhe Kacke in Seidenstrümpfen

fader Bouillongeruch in dem (was: Salon, Bar, Café) der
Fähre. Holzwände, Holztische, Holzbänke, das Ganze
kastanienbraun. Typ mit krausem gelben Haar starren-
de blaue Glubschaugen etwa fünfundzwanzig Jahre alt
in die dampfende Schale einen Kuchen tunkend den er
dann kaut ohne zu sehen geradeaus vor sich hin durch
die viereckigen Fenster schauend wo manchmal ganz
nahe die Flanke eines Frachters aus dem Nebel auf-
taucht hohe Schiffswand die rasch vorüberzieht wobei
die Kämme des gelben Flußwassers gegen das genietete
Blech schlagen einen Augenblick lang in dornigen Bü-
scheln aufspritzend dann vom Nebel verschluckt das
graue Viereck von neuem leer im kastanienbraunen
Holzrahmen und das kurzatmige Schnauben der Maschine das die Wände erbeben läßt

staubiger verblaßter Dekor vage assyrische Architektur
die Kapitelle der Säulen tulpenförmig Simse aus Pappe
gestützt von Elefanten aus Pappe ebenfalls pastellfarben gestrichen die geringelten herabhängenden Rüssel
zu Krummstäben sich biegend

am dreiundzwanzigsten Februar 1780 in der Oper von
Besançon hat ein junger Hauptmann im Regiment der
Artillerie …

82

touristisches Faltblatt auf dem Tisch in der Halle der
Air India Zug geschminkter Elefanten listiges kleines
Auge umgeben von einem rosa Kreis auf der dicken
rissigen Haut Gewürzstraße Sumatra Java Malaysia

während der Schleppkahn selbst unsichtbar bleibt ver-
deckt durch das Fensterbrett gleitet nur der Mast mit
seinem Wimpel und seiner rot und malvenfarben ge-
würfelten Flagge jetzt langsam von rechts nach links
dann ein zweiter rot-weiß-blauer Wimpel Schiffslaterne viereckige Flagge diesmal diagonal in zwei Teile geteilt dunkelblau und hellblau verziert mit einem weißen
S der obere Bogen im Marieblau der andere im Türkis
das Ganze auf dem grauen Meer dem grauen Himmel

rauhe Schreie der nahe der Anlegestelle kreisenden
Möwen während der Kellner der Fähre einen Eimer
leert dann im Innern verschwindet fettige Wasser vermutlich Küchenabfälle dahintreibend auf dem schwarzen Wasser auf dem Ölflecken schwimmen (rosa, gold-
käferfarben, nilgrün, petroleumblau in irisierenden
Spiralen die sich langsam zusammenrollen und wieder
aufrollen exotisches Gefieder von Paradiesvögeln Su-
rabaya

offenes Meer dort hinten wo sie beginnen ihren Kurs
zu nehmen

Mittelmeer II

knirschende Maschinerie und langsames Heben des in Trompe-l'œil drapierten samtroten Pappvorhangs Schnur und goldene Troddel ebenfalls in Trompe-l'œil Rampenlicht: auf der Bühne steht ein Ritter in voller Rüstung (goldenes Wehrgehänge langes Schwert an der Seite, Kettenhemd, zu beiden Seiten aus dem spitzen Helm über den Ohren herausragende Haarbüschel) der in dem Park des rosa Palasts zugeht auf ein junges Mädchen in andeutungsweise maurischem Kostüm (weite an den Knöcheln enganliegende rote Pluderhose und breiter entenblauer Gürtel unterhalb der mit Gaze verhüllten Brüste, schwerer Goldschmuck) das zwischen blühenden Pfingstrosenbüschen auf dem Rand eines Brunnens aus Pappe sitzt. Lächelnde Gefährtinnen in durchscheinenden Gewändern umringen den Ritter und das junge Mädchen eine in malvengrauem Kleid bückt sich um eine Blume zu pflücken die andere (blaßgrünes Kleid) ein Knie auf dem Boden reicht dem Ritter …

Brief an seinen Vater Besançon den 17. März 1780 um ihm mitzuteilen (an *HERRN de Saint André auf seinem Schloß bei St ANTONONIN in der Rouergue* – blaßbraune Tinte gelbliches Papier gedrängte disziplinierte Schrift vermutlich Folge seiner glücklichen Veranlagung für die mathematischen Wissenschaften Differentialrechnung Azimut Schußwinkel und Zusammensetzung des Pulvers nachträglich eingefügte Interpunktion ein wenig auf gut Glück mit einer feineren Feder): … *unsere*

Bekanntschaft ist das Ergebnis des Zufalls, sie hat etwas leicht Romanhaftes, einstweilen soll es genügen, wenn ich Euch davon unterrichte, daß sie sich im Theater ergeben hat; Mademoiselle H…r stammt aus einer der besten Familien Hollands, in einem monarchischen Stand verleiht die Geburt Annehmlichkeiten, in einer so beschaffenen Gesellschaft ist Vermögen erforderlich, um glücklich zu leben, doch in diesem wie im Stand der bloßen Natur lassen allein die Vorzüge der Seele das Glück genießen, was bleibt mir zu wünschen übrig? die Übereinstimmung unserer Ansichten

der gedämpfte Ton einer Sirene von ferne kommend das heißt das Büschel weißen Dampfs hat sich fast aufgelöst als das alarmierte Auge. In der Luft noch verweilende Schwingung, das langsam dahingleitende Schiff

… reicht dem Ritter einen Blumenstrauß das Gesicht jedoch der jungen Prinzessin zugewandt deren Anerkennung sie zu heischen scheint die Haltung der anderen Begleiterinnen drückt Neugier Bescheidenheit und Entzücken aus der Ritter …

majestätisch auf dem horizontalen Streifen graugrünen Wassers hinter und über dem ganz in Himbeerrot gestrichenen Deich weiße Aufbauten ebenfalls himbeerroter Schornstein mit weißem Sigel auf dem gallefarbenen Fluß

… streckt den linken Arm und das linke Bein vor sein rechter Arm ist angewinkelt die Hand kurz vor der Brust in Höhe des unteren Sternums der Kopf nach hinten gebogen (bläuliche Stahlrüstung) er mustert die junge Prinzessin im Odaliskenkostüm die mit einem Arm auf den Brunnenrand gestützt die Hand ein wenig hinter ihrem Gesäß ihm ihren anderen Arm entgegenstreckt von dem ein malvenfarbener durchsichtiger Schleier

die Übereinstimmung unserer Ansichten und Neigungen hielt uns gegenseitig bei unserer Unterhaltung fest, die wenigen Talente, die ich mir selbst erworben habe

etwas sowohl Mittelalterliches wie orientalisch Duftiges rosafarbener babylonischer Palast maurische Kostüme und Kettenhemden

mehrere herabhängend wie verrostete schmutzige Hemden in einer Vitrine des Topkapi-Museums Risse im gestrickten Stahl Lanzenstiche oder Schwerthiebe? Auge das auf dem Rost noch ein anderes Braun zu erkennen sucht verkrustet wie jenes das den pflaumenblauen langen Brokatkaftan befleckt welcher Sultan (Bajasid?) in einer anderen Vitrine bizarrer Hieb eines Säbels oder vermutlich eher eines Jatagans waagrecht versetzt nicht gegen die Kehle sondern auf die obere Brust ein wenig unterhalb des Halsansatzes und das

vergilbte plissierte Leinenhemd mit dem zugeschnür-
ten Ausschnitt zerrissen und ebenfalls mit braunem
Blut befleckt

die Übereinstimmung unserer Neigungen

abgeschmackte Geschichte vermutlich singen Tenor
und Alt von der durchkreuzten Liebe zwischen der
Tochter des Emirs und des in seiner Rüstung stecken-
den Kreuzfahrers der sich in einem Scheppern von
Kochtöpfen auf der Bühne bewegt Vielleicht in der Art
Norma? Zenturionen und Druidinnen nach der Melo-
die einer neapolitanischen Tarantella Schöne Schreie
Dormo entrabi non vedren che li percuote ... Oder eher
Entführung aus dem Serail? Gepuderte Türkerie im Stil
einer Ekloge oder eines Schäfergedichts. Neigung zur
Emphase die er sein ganzes stürmisches Leben lang bis
in seine letzten Tage bewahren sollte später nacheinan-
der Konventsmitglied Königsmörder und Empire-Ge-
neral Blut Sperma republikanische Begeisterung Lieb-
schaften und Kanonaden alsbald von ihm in papierne
Reime oder Prosa verwandelt

Überdruß, Ungeduld, Müdigkeit der langen, sich zwei-
undsechzig Stunden lang hinziehenden Sitzung zeich-
nete alle Gesichter. Ein Deputierter nach dem andern
betrat die Tribüne. Dort erschienen Gesichter, die
durch das fahle Licht noch düsterer wirkten und mit

langsamer Grabesstimme nur das eine Wort sagten:
»Der Tod.«

Stunde in der die Schiffe die Flut nutzen um in den
Hafen von Antwerpen einzulaufen oder ihn zu verlassen Doppelte feierliche Prozession In etwa fünf-
hundert Meter Abstand hintereinander herfahrend
kreuzen sich die beiden Reihen wobei die einen das
offene Meer erreichen die anderen die Fahrt flußaufwärts beginnen

… überlegend, ob sie Zeit hätten, etwas zu essen, bevor
sie ihre Meinung äußerten, während Frauen mit Na-
deln Karten herauspickten, um die Voten zu vergleichen; Deputierte, die vor Müdigkeit fast einschliefen
und die man zur Stimmabgabe aufweckte; der hintere
Teil des Saals war in Logen verwandelt worden, wo die
Damen im reizendsten Negligé …

fähig zu spüren wenn der Wind sich dreht später Ko-
loß mit sanguinischer Maske auf verbrämten Uni-
formkragen der unermüdlich je nach den Zufällen der
Sitzungsunterbrechungen der Feldlager der Tage in
Gefangenschaft oder der Poststationen auf das erstbe-
ste Stück Papier das manchmal mit dem Briefkopf der
Nationalversammlung gekommen war andere aus der
Italienarmee einmal sogar auf die Rückseite eines Ge-
fängnisinspektionsberichts Entwürfe von Elegien oder

Erzählungen seiner Abenteuer kritzelte die er später sorgfältig in ein großes Heft in Registerformat übertrug dessen Seiten seine regelmäßige Feldwebelschrift bedeckte jetzt rostfarben

Scheldemündung auch dort Zenturionen und Legionen in einem Scheppern von Kochtöpfen Flache schwammige Ebenen über die zu allen Zeiten die Soldateska hinwegzog Er selbst als Kommissar der Nordarmee mit einem jener extravaganten Federhüte auf dem Kopf Schärpe und blau-weiß-rote Kokarde eines Volksvertreters in Mission ermächtigt »des Amtes zu entheben, die Befehlsgewalt zu entziehen und sogar Verhaftungen vorzunehmen« 1792. Belagerung von Nieuwpoort Aber später später Da war sie bereits tot Untröstlicher Witwer die »holländische« Hugenottin unter der Erde auf dem Grund des romantischen Tals Gelegenheit zu weiteren Reimen

Lies unter des alten Ahorns dichtem Laub
welche Erinnerung nährt meinen Schmerz
und welche Gefühle erschüttern mein Herz
das Glück entfloh dem Tale des Callèpe
wisse daß hier die Geliebte zerfällt zu Staub
etc.

Malinconia Couperosige Überreste des feschen Offiziers mit gepuderter Perücke der in der Oper von Besançon

paradierte (Architekt Ledoux: Peristyl aus dicken vermutlich mit Kuben beringten Säulen kalte Linien)

obwohl zahlreiche Kavaliere ihr den Hof machten, stach
ich alle aus. Wie ich euch bereits sagte, stammt Made-
moiselle H...r aus einer der besten Familien Hollands,
ihr Großvater war Deputierter in den Generalständen
als erster Adliger seiner Provinz, diese Familie bekleidet
seit mehreren Jahrhunderten die ersten Ämter des Magi-
strats von Amsterdam, ihr Onkel ...

die beiden Masten die Flagge mit den vier Quadraten
malvenfarben und rot in Schachbrettmuster und die
andere halb blau und halb grün jetzt verschwunden
Hinter dem Deich wo die Schelde so breit ist daß man
das andere Ufer nicht sieht folgen einander weiterhin
die großen Frachtschiffe prachtvoll

1780 Also eher Couperin Rameau Flöten und Oboen
Gluck vielleicht Iphigenie auf Tauris Jener feiste Sopran
in seinem Peplon nach griechischer Art in reglosen
gerippten Falten herabhängend Säule die ihre Diene-
rinnen auf die Bühne zu schieben scheinen starr und
gerade wie auf Räder montiert und aus der die unglaub-
lichen Töne einer Nachtigallenstimme dringen Wieder
herzzerreißende Geschichte mit Dolch auf zarter Tau-
benkehle Auch hier klirrende Rüstungen drapierte Gesten des Hohenpriesters der günstige Winde verheißt

günstige Zeit der Flut langer majestätischer Zug zum offenen Meer ein Sonnenstrahl einen Augenblick lang fast waagrecht hervorbrechend schon verblassend goldener Glanz auf der skarabäusfarbenen Seite eines von ihnen dann erlischt alles der himbeerrote schon fast außer Sicht ganz dort hinten gen Westen jetzt ein ganz schwarzer hinteres Deckhaus und Aufbauten kobaltblau

nach hinten gebogener Kopf unter dem Messer dargebotener Hals anschwellend wirbellos plissierte Tunika inspiriert von Flachreliefs antiker Marmor und hoher Gürtel der sie zur Geltung bringt. Unzüchtige Mode Blässe und rosa Titten. Auf dem Kopf so etwas wie Mützen mit übergroßem Schirm und über dem Arm ihre Schleppen tragend die ihre marmornen Beine enthüllen. Und die Herren mit hochgebundenem Halstuch, wie ein Furunkelverband, eingezwängt in ihren Frack mit ebenfalls übergroßem Kragen auf den lange schmutzige Haare fallen. Sogenannte Hundeohrenfrisur. Thermidorianisch. Seidenstrümpfe und Kacke. Damals vermutlich auch Hundepimmel für die marmornen Hintern. Kallipygos unter dem auf antike Art geschürzten langen Gewand. Frenetischer Lebenshunger. Paris wurde wieder sehr fröhlich. Zwar herrschte Hungersnot, doch der Perron strahlte. Dann begannen jene *Bälle der Opfer*, wo die schamlose Unzucht ihre falsche Trauer in der Orgie suhlte.

grauer großer Frachter niedrig auf dem Wasser in die
Länge gezogen Aufbauten weiß Schornstein und Masten gelb

… ohne Hut und ohne Halstuch trug er einen himmelblauen Frack eine Nankinghose und Baumwollstrümp-
fe. Man bemerkte daß er einen kleinen weißen Leder-
beutel in der Hand hielt auf dem geschrieben stand
Au grand Monarque, Lecourt, *Lieferant des Königs und
seiner Truppen rue Saint-Honoré in der Nähe der rue
des Poulies in Paris*. Er benutzte diesen Beutel um das
geronnene Blut aufzufangen das aus seinem Mund
quoll. Die ihn umringenden Bürger beobachteten alle
seine Bewegungen einige von ihnen reichten ihm sogar
weißes Papier (mangels Wäsche) das er zu demselben
Zweck verwandte sich dabei nur seiner rechten Hand
bedienend und sich auf den linken Ellbogen stützend

hätte fast selber den Kopf eingebüßt wegen der Nieuw-
poort-Affäre (vermutlich gleiches ockergraues Meer und
gleicher ebenfalls ockergrauer Himmel) und der fünftausend begnadigten englischen Soldaten. Zu seinem
Glück der von Robespierre. Hatte aber kalte Füße ge-
kriegt. Daher wohl später sein thermidorianischer dann
konsularischer Eifer. Seidenstrümpfe und Diamanten.

… auf den Tisch des Sitzungssaals des Ausschusses
gelegt. Ein Tannenholzkasten der ein paar von der

Nordarmee geschickte Kommißbrote enthielt wurde unter seinen Kopf geschoben und diente ihm in gewisser Weise als Kissen. Dennoch verharrte er etwa eine Stunde lang in einem Zustand der Reglosigkeit der glauben ließ er habe aufgehört zu leben.

Halbnackte in den rosa Vitrinen

In dem Moment da man am wenigsten daran dachte setzte er sich auf zog seine Strümpfe hoch glitt plötzlich vom Tisch lief zu einem Sessel und nahm darin Platz. Kaum saß er bat er um Wasser und weiße Wäsche. Während der ganzen Zeit die er auf dem Tisch lag als er wieder zu Bewußtsein gekommen war starrte er alle an die ihn umringten vornehmlich die Angestellten des Wohlfahrtsausschusses die er kannte oft hob er die Augen zur Decke aber von ein paar Zuckungen abgesehen gewahrte man bei ihm ständig einen großen Gleichmut sogar als seine Wunde verbunden wurde, was ihm sehr heftige Schmerzen bereiten mußte. Sein gewöhnlicher galliger Teint war totenbleich.

Geliefert an General La Plaine Saint André
von Richard Joallier Cour de Harly Nr. 21
Ein Collier mit 63 durchbrochen gefaßten Brillanten
von 21 K/4/32, samt Fertigung ……………….. 4.300 f
Ein kronenförmiger Kamm mit (unleserlich)
109 durchbrochen gefaßten Brillanten

94

von 17 K/4/8, samt Fertigung .... *2.460 f*
Etc., etc., *das Ganze für insgesamt 9.292 f* (Papier von
grünlichem Weiß, schwarzbraune Tinte, wohlgeformte
Buchhalterschrift)

graue Möwen mit schwarzem Kopf wie eine Kapuze auf
den ebenfalls schwarzen geteerten Pfählen der Mole
sitzend weißer Bauch graue Flügel schwarze Beine

früher Welthandelszentrum für Diamanten. Schwarze
Kanäle mit totem Wasser. Unrat Lattenkisten halb eingesunken zwischen den aufgebrochenen dann von den
letzten Frösten wieder zusammengeschweißten dicken
Eisschollen. Vom Eis eingeschlossenes Geschwader
(wo nur? irgendwo in der Nähe) im Sturm genommen
von einer Kavallerieeinheit (Hoche, Kléber? gräuli-
ches Bild im Geschichtsbuch) Auch Orangenschalen
zwischen den inmitten der Eisbrocken schwimmen-
den Abfällen

welcher Herzog oder König? (hohe Stiefel, Hut mit
Straußenfedern) ganz in einer Skala von Grautönen
gemalt die aus der Mischung der beiden Komplemen-
tärfarben Orange und Blau bestanden bei der bald die
eine bald die andere überwog bis sie unvermengt verwendet wurden (blaue Schärpen, orangeroter Pinsel-
auftrag auf der Unterlippe)

Dirnen in den Vitrinen rosa Schaukästen in der feuchten Nacht großzügig entblößte Titten ausgestellt

gerade noch Zeit den Namen zu sehen PRINS WILLEM VAN ORANJE genietete Schiffswand schwarz rot unter der Wasserlinie von den aufspritzenden kurzen gelben Wellen umspült dann ebenfalls im Nebel verschwunden. An einem anderen Tisch eine dicke Frau in langem Kleid (enganliegendes Mieder, bauschiger Rock) blau-weiß gestreift, einfaches Umschlagtuch, dicke Arme trotz der Kälte nackt mit grellrosa Haut ebenfalls vor einer Schale heißer Bouillon sitzend. Rechteckige Goldplättchen zu beiden Seiten ihrer Schläfen, von der Kopfbedeckung festgehalten. Wie zusätzliche Augen (zur gleichen Zeit aufblitzend wie die Gläser ihrer Brille sobald sie den Kopf bewegt). Oder vielmehr Radar-Organe am Ende der Fühler der Insekten mit goldbraunschimmerndem schwarzen Panzer.

… obwohl zahlreiche Kavaliere ihr den Hof machten … Vermutlich während der Pause im Foyer. Kerzenlicht. Sie umkreisender Schwarm junger Kavallerie- oder Artillerieoffiziere. Dreispitze, an der Taille abgenähte himmelblaue Uniformröcke, schmale Seitendegen. Gesichter der Frauen nicht größer als eine Faust unter den riesigen Montgolfiere-Frisuren, spitze Mieder, Ballonröcke und winzige Füße … *Ihr seht, daß diese*

Vorzüge zusammen mit den 130 Pfund sicherem Ver-
mögen, ungerechnet der Hoffnungen auf seiten ihres
Vaters, umgeben von reichen alten Verwandten, sie zu
einer beachtlichen Partie machen …

Soße um den Fisch genießbar zu machen: kalvini-
stisch

Nach dem grauen ein schwarzer weißes Deckhaus gelber Schornstein mit rotem Streifen. Ein weiterer grauer, vermutlich ohne Fracht, grün unterhalb der Wasserlinie, hohes Deckhaus am Heck von makellosem Weiß,
gelber Schornstein hinter dem Deckhaus roter Stern,
dicke Lademasten aus Metallrohren in die Vertikale ge-
bracht Kranbrücken bildend

Kanäle mit totem Wasser gesäumt von den prächtigen
strengen Fassaden der hugenottischen Bankiers und
Reeder. Diamantschleifer. Portugiesische Juden. Vitrinen mit Interieurs im Stil Hausmeister cosy-corner
geblümter Kretonne gedämpftes Licht alles in Bonbon-
farbe getaucht Morgenröcke die ihre gepuderten bon-
bonfarbenen Brüste enthüllen

… und ich erwähne erst gar nicht ein Haus voller Sil-
bergeschirr Möbel und Wäsche jeglicher Art sowie die
Diamanten die der Onkel namentlich seiner Nichte ge-
schenkt hat …

Schwarze Fahne

anläßlich eines Streits mit dem Bruder später notariell
beglaubigtes Inventar:

Ein silbernes Tablett zur Präsentation der Gläser

Sechs silberne Kandelaber

*Zwei dreiarmige Leuchter die in zwei der Kandelaber
passen*

Zwei silberne Kaffeekannen

Ein silberner Milchtopf

Sechs Silberservice nach alter Art aber sehr gewichtig

Ein großer Sieblöffel zum Schöpfen der Oliven etc.

holländisches Interieur kleiner Meister Vermeer-Schu-
le Zimmerflucht schwere Draperie im Vordergrund
flauschig mit grünen ockerfarbenen und blauen Mu-
stern Lichteffekt auf einer weißen Wand ganz hinten
im Rahmen einer offenen Tür Schwarz-weißer Fliesen-
fußboden perspektivisch (kleiner werdende Rauten)
Zwei Frauen von denen die eine von hinten gesehen
vor einer Eichentruhe kniet im schrägen Tageslicht das
von dem unsichtbaren Fenster zur Linken hereinfällt
und die creme-weiße Wand beleuchtet Arm mit praller
grellrosa Haut wie die Bäuerin auf der Fähre

mandelgrüner Frachter weißes Deckhaus grüner
Schornstein roter Stern Wald von weißen Lademasten
Ein anderer mit endlosem nackten Deck ohne Masten
vermutlich Öltanker massives weißes Deckhaus am
Heck von Fensterreihen durchbrochen gelber Schorn-

stein schwarzer Streifen oben Hier und dort verteilt
(der flußaufwärts und der flußabwärts fahrende Zug)
auf den grauen Seidenstreifen geheftet der ungefähr
ein Viertel des Fensterrechtecks einnimmt

vier Ellen Tuch Kupferzeug Silbergeschirr geplünder-
te Städte Vlissingen Middelburg Breskens schwammige schwärzliche Erde wassergetränkt unzähliges
Getrappel in einem Sauggeräusch Abdrücke von Stiefeln Pferdehufen auf deren Grund sich nach und nach
schlammiges Wasser sammelt aufgeweichter ebenfalls
schlammiger Himmel gewissermaßen mit dicker Farbe gemalt bauchige braune Wolken ein oder zwei Son-
nenstrahlen die hier oder dort durch einen Riß dringen
auseinandertreibend auf der Spitze irgendeines Kirch-
turms funkelnd ab und zu ein winziger Glockenstuhl
wie eine Nagelspitze dort hinten am flachen Horizont
dann erlöschend

Spitzen der aprikosenrosa Titten im Licht geranium-
rot

Bahnhof von Roosendaal schmutziges Glasdach grüne
Waggons mit schmutzigen Scheiben dichter Zigarren-
gestank im Abteil Raucher Uitgang Toiletten Zugfüh-
rer mit hoher brauner Mütze und lederner Umhäng-
getasche Eisenbahnknotenpunkt Bahnsteig 1 Bergen
op Zoom Goes Middelburg 2 Dordrecht Rotterdam

3 Breda Kapitulation von Lanzettengitter die gebläu-
te Landschaft im Hintergrund schraffierend über die
sich die schrägen Rauchsäulen der in Brand gesteckten
Dörfer ziehen abermals Federhüte stählerne Rüstungen schwarz funkelnd bronzeverziert mit Beinschienen
geringelt wie der Hinterleib von Maikäfern die beiden
feindlichen Hauptleute gehen mit abgenommenem Hut
ausgestreckten Händen aufeinander zu loyales Lächeln
Hier und dort Leichenhaufen in der rauchenden Ebene während die letzten vermutlich nicht unterrichteten
Schwadronen die Flüchtenden niedermetzeln zusätzliche Tote zu Ehren des Krieges

ich bin nicht gekommen um Frieden zu bringen sondern das Schwert

JESUS KOMT! in unregelmäßigen zerfließenden großen schwarzen Buchstaben auf der gelben Wand eines
Holzschuppens schwarzes Teerdach neben einem Ge-
höft aus violettroten Backsteinen Allee mit kahlen vom
Wind gebeugten Bäumen Schmale lange Weideflächen
durch Gräser getrennt in denen das Wasser das metallische Licht des Himmels widerspiegelt Schiff das sich
inmitten der Kühe fortbewegt höher als die Häuser

duftiger Palast aus bonbonrosa Pappe … *diese zärtliche*
Mutter ebenso ehrbar wie meine eigene sah wegen der un-
terschiedlichen Glaubensbekenntnisse zwar Schwierigkei-

ten voraus da sie jedoch einzig auf das Glück ihrer Tochter
bedacht war und in meinen persönlichen Vorzügen alles
zu bemerken glaubte was sie glücklich machen könnte
nahm sie die Erklärung meiner Gefühle mit Wohlwollen
entgegen und verhehlte mir nicht daß sie bei ihrem Gat-
ten auf schwer zu überwindende Vorurteile stoßen werde,
doch ich fühle daß von dieser Frau mein Glück abhängt

derselbe zwanzig Jahre später verfettet Löwengesicht
eingezwängt in seinen hohen blauen goldbestick-
ten mit rotem Besatz versehenen Artilleristenkragen.
Untröstlich *trauriges Tal des Callèpe* und alter Ahorn.
Dennoch Juwelierrechnungen. Sanguinisches Tempe-
rament ständig von Lüsternheit geplagt. Vom Hof von
Neapel an einen berberischen Piraten ausgeliefert (ein
im übrigen goldener Käfig, vom Bey empfangen, im
Wagen spazierengefahren) erkundigte er sich alsbald
nach den Möglichkeiten die Gunst der Frauen zu erringen. Diesmal wirkliche Türkerie. Prosa:
von einem Abtrünnigen der bei den Kapuzinern in Nea-
pel Wärter gewesen war erfuhr ich daß es für einen Mu-
selmann leichter sei sie zu erringen als für einen erfolg-
reichen Mann in Europa. Ich fragte ob das den Christen
ebenso leicht falle, und mein Abtrünniger berichtete mir
nun daß ein holländischer Handelskapitän von einem
Juden angesprochen worden sei der ihn in ein Haus führ-
te in dem sich eine junge Türkin aufhielt. Unglücklicher-
weise rottet sich der Pöbel der ihn hat eintreten sehen

*zusammen und umzingelt das Haus, man ergreift den
Kapitän, den Juden und die Frau, es kommt zum Prozeß
und trotz allen Schritten des batavischen Konsuls erfuhr
man eines Morgens daß die Muselmanin in einem See
ertränkt, der Jude verbrannt und der Holländer vom
Volk in Stücke geschnitten worden war*

aus seiner jakobinischen Zeit die Gewohnheit beibe-
halten das Wort Peuple großzuschreiben

*Ein Paar Ohrringe und Gehänge mit 6 Rosen und 36 Bril-
lanten durchbrochen gefaßt etc. Für Madame Demarais
Berühmte Schauspielerin.* Weiterer Anlaß zu Couplets

holländischer Handelskapitän aufgebrochen von den
grauen Wassern und den grauen Himmeln

sich nach und nach entfernend wie nach hinten gezogen zurückgestoßen von den grüngrauen Schaum-
wirbeln des Kielwassers Anlegestelle am andern Ufer.
Ende der Welt. Niedrige Landzunge auf der lange gelbe
vom Wind gebogene Gräser wachsen. Drei Backstein-
häuser von denen eines ein Schild trägt halb rot halb
weiß Amstel Bier, und das Pulsieren der keuchenden
Maschine die das alte Holzgerippe erbeben läßt. Niemand außer dem Mann mit den fayenceblauen starren
Augen und der Bäuerin mit den grellrosa Armen

Rose: in Facetten geschliffener Diamant mit ebener Grundfläche. Anhänger und Verse vermutlich von bebändertem Naschwerk begleitet. Bonbonschachtel Reihen von Konfekt (wie heißen jene Kugeln bei denen die festgewordene Creme oben in einer Spitze ausläuft?) blaßgrün und rosa in den gefältelten Papierhüllen

das Ende des Saals war in Logen umgewandelt worden, wo Damen im reizendsten Negligé Orangen und Eis aßen, Likör tranken. Man ging zu ihnen, um sie zu begrüßen, und kehrte zurück. Die Türsteher auf der Seite der Bergpartei übernahmen die Rolle von Logenschließerinnen der Oper. Obwohl jegliche Beifallsbekundung untersagt worden war, stieß die Mutter Herzogin, die Amazone der Jakobinerbanden, immer wenn sie nicht lautstark das Wort Tod ertönen hörte, langgezogene Ah-Rufe aus

es entfernen sich auch die auf den schwarzen Pfählen sitzenden schwarzköpfigen Möwen. Eine getigerte Katze schaut aus dem Fenster des Deckhauses eines Schleppkahns mit schwarzer Seitenwand, der Fensterrahmen grellgrün gestrichen

JESUS KOMT Reihen zuckersüßer Titten

zur gleichen Zeit wie die Dämmerung begann die Nacht hereinzubrechen die durchnäßte Landschaft noch weiter auflösend. Etwas bei dem die Trennung der Elemente Wasser Erde und Luft noch nicht beendet ist. Dunst ungreifbare Tröpfchen langsam auf die wassergetränkte Erde sinkend, Erde im schlammigen Wasser der Kanäle und der Flüsse schwebend

Gedämpftes Rosa in der feuchten Nacht. Meist unterhalb der Straße. Blick von oben auf die Kretonnes und die warmen aprikosenfarbenen Interieurs. Manchmal erhöhter Platz an einem Fenster auf einer der Seiten: eine die auf einem Ledersessel sitzt einer Art Zahnarztstuhl, Zigarette, geschnürte Lederstiefel, übereinandergeschlagene Beine so daß Blick von unten nach oben auf die marmorierte Unterseite der Schenkel und ein wenig schwarzes Gestrüpp (Spitzengewebe?)

Zinnkrug in einer Hand V-förmig ausgestreckte Beine weiche Lederstiefel mit Stulpen Sporen mit der anderen Hand der barbusigen Magd unter den Rock greifend. Fleckige Säufernase veilchenblau Radierung dieselbe Kupferstichtechnik wie bei der Rinde der alten Eichen Schründe Fleischwülste mittels kleiner nervöser Striche angedeutet gekrümmt wie Krallen Kommas schwarzes Gestrüpp dunkle weit klaffende Fotze am Unterleib hokkend getuschter Schatten pissend harter Strahl Geräusch wie eine Stute. Dieselbe posierend fetter Bauch öliggelber Speck halb aufgerichtet auf einen Ellbogen gestützt inmitten der zerwühlten feuchten Laken Danae

den Goldregen abschätzend. In Neuchâtel residieren-
de holländische Damen von hohem Rang die für einen
Abend in die Oper gekommen sind. Flackernde Ram-
penlichter die Sänger von unten beleuchtend umgekehrte
Schatten auf den Gesichtern Eurydike Bronzeorgan der
Tenöre Sopran ein auf Rädern montiertes Faß mit einer
Stimme gleich kalligraphierten Schriftzügen Schleifen
mit zarten Modulationen zu sich selbst zurückkehrend
sich umeinanderschlingend, voll und schlank

Artillerieregiment. Geschütze. Feldschlangen aus
Bronze grüne Patina mit weit geöffneten Löwen- oder
Chimärenmäulern und Mähnen ebenfalls aus Bronze
an den verzierten Griffen

alter Löwe mit weiß gewordener Mähne und Kupfer-
gesicht zerknitternd rosige Titten dicht an den schweren Goldstickereien seines königsblauen Waffenrocks.
Militärgouverneur einer eroberten Stadt zu unter-
zeichnende Dokumente Berichte auf dem Schreibtisch
(Mahagoni darauf als Zierde Sphinxe mit vergoldeten
Brüsten) zerstreut die Siegesmeldungen »… einmona-
tige Einschließung, vierzehn Tage im offenen Schüt-
zengraben, drei Tage Beschuß und zwei blutige Angrif-
fe haben …« und die Polizeiberichte durchblätternd
dann, nachdem der Adjutant den Raum verlassen hat,
dreht er eines der Blätter um und kritzelt einen galan-
ten Vierzeiler auf die Rückseite

schwammige Weite auf der die Legionen stampften Soldateska aller Epochen Landsknechte des Heiligen Römischen Reichs deutsche Reiter Schweizergarden Lanzenregimenter spanische Infanterie mit bugförmigen Harnischen verdreckte rostige Sporen in einem mannigfachen Sauggeräusch vorankommend erschöpft Träger von Standarten aus vom Wasser schwer gewordener Seide in schlaffen Krümmungen herabhängend wie eingeholte Segel oder zuweilen vom Meereswind entfaltet wogend mit ihren kralligen zweiköpfigen heraldischen Tieren schwarz auf grellgrünem Grund rot auf gelbem Grund dunkle Flecken in der durchnäßten Seide fast schwarz im Grün kastanienbraun im Gelb

fast Nacht jetzt. Noch immer Sprühregen der Himmel und Erde auflöst vereinheitlicht das Ganze dunkler werdend bläuliches Grau. Lichter der großen Frachter schon seit einer Weile angezündet über den gleichförmig schieferfarbenen Hintergrund aus Wasser und Himmel gleitend. Freilich in größeren Abständen. Sicherlich letzte Schleuse des Tages: von neuem langsam aufsteigend Flaggenknopf angezündetes Laternenlicht dreieckiger Wimpel viereckige Flagge grün umrandet mit einem roten, in der Dämmerung fast schwarzen Streifen. Silbriges Stieben des Sprühregens unter der Lampe der Schleuse.

Weibliche Hüllen

versuchte sich auch in der Malerei und der Zeich-
nung. Neapolitanische Bäuerinnen (mit Tusche ge-
höhtes Aquarell) Murmeltierführer (Bleistift) Arabi-
sches Grabmal (Kohle), indes die Verse über das trau-
rige Tal und den alten Ahorn ein Aquarell einrahmen
das ein Mausoleum in antikem Stil darstellt (Kubus
mit vorspringenden Ecken): IDILE (sic) *auf den Tod
von Marianne H...r.* Das Papier nässende Tränen
oder wahrscheinlicher zu sehr mit Wasser getränkter
ungeschickter Pinsel. Erdige Farbtöne. Ebenfalls mit
Tusche gehöht: rostfarbene Schraffierungen in den
Schatten.

heisere tieftönende Sirene langanhaltend wie jene
nachts auf den Rangierbahnhöfen abgestellten Rinder

*wie oft doch sog ich hier dem Tag voraus
des Morgens erquickende Süße atmend
von deinen heißen Lippen gierig die Liebe*

Mausoleum also ebendort wo er sie im Morgentau
küßte. Dekor und Vers ausgewaschen flüchtige und
blasse Spur von

nichts anderes mehr als ihre Positionslichter dort hinten schwerelos hängend weder Himmel noch Meer dahingleitend

Sperma und Blut Pimmel mit hochroter Eichel Blutandrang wütend im Gestrüpp wühlend tiefe Schwarztöne mit dem Stichel rosa und lilienfarben getönt dürstende Tyrannen Göttin Vernunft im Peplon auf Räder montiert der *Vernünftige Mensch der das Glück sucht* Verzückung eines Liebhabers

»Fügen wir hier ein Detail von einigem Interesse an. Als ein hebertistischer Angestellter des Büros Carnot den derart leidenden, aber bei vollem Bewußtsein befindlichen Verwundeten erblickte, fiel ihm auf, daß er sich hin und wieder mühsam bückte und seine Hände an die Kniekehle führte. Er näherte sich ihm und löste die Schnallen seines Hosenbunds und zog seine Strümpfe ein wenig über die Waden herab. Bei dieser Verrichtung bemühte sich Robespierre zu sprechen und sagte mir sanfter Stimme: ›Ich danke Ihnen, Monsieur.‹ War diese Wiederkehr der Sprache der alten Vergangenheit instinktiv bei dem Mann, der ihre Formen bewahrt hatte? oder glaubte er, mit ihm sei die Revolution zu Ende, in ihm die Republik gestorben?«

die Direktion des Hotels*** in Goes (sprich Rhhououze) versichert daß hier, in einem Zimmer das man noch immer zeigt, der künftige König von Rom gezeugt worden sei von einem korsischen Zwerg mit einem Gendarmenzweispitz auf dem Kopf (Pimmel nicht größer als ein kleiner Finger, sagt man) auf dem Bauch einer

110

österreichischen Prinzessin hüpfend Kaiserin der Franzosen (glauben Sie mir, nichts kommt diesen deutschen Frauen gleich!)

die ersten jetzt vermutlich im offenen Meer angelangt so daß die dunklen Wellen sie anzugreifen beginnen ihre Steven sich langsam heben und senken ihre Wege sich trennen auseinanderstrebend nach und nach ihre Lichter aus den Augen verlierend bald jeder allein in der weiten Nacht dem flüssigen Rauschen: ganz und gar himbeerrot weiße Aufbauten himbeerroter Schornstein mit weißem Streifen, schwarz mit kobaltblauem Deckhaus, grau langgestreckt, weiße Aufbauten Schornstein und Masten gelb, mandelgrün mit weißem Deckhaus, das letzte schwarz, rot unter der Wasserlinie weißes Deckhaus ockerfarbene Lademasten V-förmig, dumpfe Stöße der Schlagwellen der Nordsee die in parallelen schwarzen Reihen heranstürmen mit schaumig phosphoreszierenden Kämmen so weit das Auge reicht anstelle des Geplätschers der Schelde

die Wände des Hotelsalons mit dem roten und grünen und ockerfarbenen dicken Teppich sind mit glänzenden Kacheln verkleidet, die jeweils mit weichem Pinsel in Blau gezeichnet einen Soldaten, einen Ritter, einen Bogenschützen, einen Landsknecht darstellen, die einen auf ihren Pferden mit den schweren Kruppen sitzend, während die anderen ihre Waffen abfeuern, ren-

Wasserpferd

nen, Pike voran, ihre mit einem kurzen Bart versehenen Gesichter gleichmütig ohne die Sturmhaube: sie zeigen sich in übereinanderliegenden Reihen, eingeschlossen in ihre kleinen Gevierte manchmal mit einem feinen Geflecht brauner Krakelüren wie ein Netz bedeckt oder mit getrocknetem Schlamm, ein Bein gebeugt gerader Stoß nach rechts, Stoß aufs Geratewohl, Stoß auf einen am Boden liegenden Feind, die bauchigen Flanken der Reittiere drückende Schenkel …

rosa Zucker

Gefallen am Theater auch dieser und an den Schauspielerinnen ungeachtet seines kleinen Zipfels Mademoiselle Georges prächtige Titten Felsen blauen Fleischs im Mondschein (Fettstift mit Gouache gehöht auf lavendelblauem Ingres-Papier) lässig ausgestreckt See des Nabels und hinweggetragen von geflügelten Cherubim mit einem Band um die Stirn

Seewind schwarz feucht draußen über die flache schwarze Ebene ohne Hindernisse tosend mannigfaches schwammiges Stampfen der toten Armeen in der Finsternis umherirrend schwarzer Himmel Pferde zweiköpfige schwarze Tiere auf schwarzen Seidenstoffen einzige Geräusche bisweilen aneinanderstoßender Stahl und das Saugen vielleicht vorne watender Führer Träger einer Laterne mit flackernder Flamme die

ersten fünf oder sechs hinter ihm aus der Dunkelheit
gerissen von unten beleuchtete Gesichter wie im Theater mit fetten öligen Pinselstrichen gesetzte Lichter wie
goldener Schlamm Glanz auf der Spitze einer Pike

… wobei jeder der kleinen fayenceblauen Soldaten innerhalb seines Felds für sich selbst kämpft wie beim
regelmäßigen Training über den Manöverplatz verteilt
gleichgültig gegen den Nachbarn zur Linken und zur
Rechten über und unter ihm und oben rechts und unten links und unten links und oben rechts, somit neun,
dann, je weiter man zurücktritt, verschwimmen die
Details der Kleidung der Ausrüstungen, verschwinden
die Krakelüren, vergrößert sich das Gesichtsfeld, ver-
mehren sich die in Haltungen des Mordens erstarrten
kleinen Figuren nach den Gesetzen des Quadrats das
heißt 1 + 8 + 16 + 24, etc.

ARCHIPEL / NORDEN

Winter

ARCHIPEL

wie Kratzer zuerst, stellenweise, als erstreckte sich unter
dem Gewebe aus Wiesen Wäldern parallelen Feldern ein
anderer Himmel, symmetrisch zu dem, an dem das Flugzeug fliegt, jedoch dunkler, von leicht violettem Blau

oder Grau

schillernd im Gegenlicht wie in das Gras eingefügte
Metallspiegel von trübem Glanz

manchmal zitronengelbe Reflexe die rasch über die
Oberfläche gleiten wenn die Sonne

optischer Effekt sie mit Licht einfassend als ob nicht
Löcher sondern diese schwach erhaben über der ver-
dunkelten Erde ausgebreiteten Quecksilberlachen

eine der die Straße kaum ausweichen muß die sie leicht
berührt dann eine andere größere (indes die Straße
nach oben abbiegt sich krümmt zur Linken wieder-
kehrt dem Ufer folgend sich in die entgegengesetzte
Richtung krümmt und dann wieder geradlinig weiter-

geht) dann nichts mehr: nur die Felder die Wälder die kleinen glitzernden Rechtecke der Dächer, dann eine andere, diesmal gerade nur eine Pfütze, dann eine vierte dann fünf dann zehn die Erde jetzt übersät sich zerstückelnd sich gewissermaßen häutend

von tausend Rissen durchbrochener Lappen

als flöge das Flugzeug über eines jener Gemälde eines jener graphischen Spiele wo von rechts nach links eine der Farben nach und nach die Stelle der anderen einnimmt sie mit anwachsenden Bruchstücken überwuchernd jedes Element entgegengesetzt in gleichen Mengen in der Mitte des Gemäldes dann

jetzt das Gegenteil: in langen parallelen Reihen sich dehnende Fetzen (welch ungeheurer Eisberg Tonnen von Jahren langsam dahingleitend sich zurückziehend …) dunkel auf der unabsehbar glitzernden Fläche

Kolonnen Prozessionen von Pilgern phantastische Armada segelnd nach

Millionen von Jahren bläulicher Schichten kriechend schabend in ungeheurer Stille angefüllt vom ungeheuren Knacken geglätteter Granit Tausende von Inseln Tausende von Golfen Fjorden Buchten wo das Meer sich rundet austernfarben

hellumrandete Seerosen sich zerstreuend auf dem ab-
driftenden schiefergrauen Grund

Archipel ΑΡΧΙ-ΠΕΛΑΓΟ: ursprünglich nicht jene
zahllosen ausgesäten Körner Festland sondern im Gegenteil das weite Meer

als hätte die Bedeutung sich verkehrt Behälter statt des
Inhalts umgekehrtes Griechenland (und desgleichen
die beiden Fahnen die eine mit weißem Kreuz auf blauem Grund die andere mit blauem Kreuz auf weißem
Grund) Wie ein photographisches Positiv und sein Ne-
gativ Sanduhr das Oben nach unten wo die Leere voll
ist Sprache wie ein Handschuh gewendet wo die Nähte
zu Höckern werden

jäher Donner in dieser Stille Feuerblume mit gelbem
Herzen sich entfaltenden roten Blütenblättern Kämpfe
um diese Meerengen auch diese schwedischen russischen Passagen mit eisengepanzerten Schiffen die vor-
dringen in diesen weißen eisenkalten Meeren

Finnland Suomi: Land der Sümpfe

sie sich vorstellend voller Fabelwesen noch halb
Mensch halb Fisch wie auf jenen Gemälden wo auf
Kalkstein rötliche Linien Geschöpfe zeichnen mit
Rümpfen von deren Mittelgräte zu beiden Seiten die

gebogenen Rippen sich weiten wie die Widerhaken
von Harpunen

Franziskaner fanatische Barfüßermönche von irgendwo gekommen um hier ein Heiligtum zu bauen aus
rosa lila rußbraunen zyklamroten Blöcken mit schup-
penbedecktem Dach den Gegeißelten zu malen den
Richter in pflaumenblauer Robe der sich die Hände
wäscht jene Trauben geronnenen Bluts zu meißeln

Rebenspalier an den Seiten den Handflächen den Füßen mit Nägeln durchbohrt an denen Trauben hängen

das Meer der Archipel als Ganzes auf uns zukommend
Eine nach der andern beginnend mit den fernsten verschwanden die Inseln versanken eine von ihnen niedrig kaum gewellt hob sich größer werdend empor die
letzten verbergend rasch zog sie seitlich vorbei und
unter den Schwimmkufen spritzte das Wasser hoch
Seine riesigen Seemannshände mit den dicken flachen
Fingern den eckigen Nägeln mit ihren von Schmieröl
schwarzen Rändern hörten auf die Hebel zu betätigen
und die Steuerräder des Instrumentenbretts mit den
vielfältigen schwarzen Anzeigetafeln den vielfältigen
schwarzen Schaltern zwischen denen sie huschten mit
Zartgefühl leicht über sie hinwegstreichend wie über
eine komplizierte weibliche Anatomie der Lärm des
Motors verstummte als er nahe genug war sprang er

120

geschickt auf den Felsen und rollte das Seil um einen
der Anlegepfosten

Stille Gruppen von Erlen Ebereschen kaum bebend
und jene langen Gräser wie rosa Federn von weitem
verwischte Wolken bildend pastellfarben

behelmt und vermutlich auch sie in eiserner Rüstung
auf ebendiesem Felsen Fuß fassend mit Nägeln be-
schlagenen Booten entsteigend umgürtet mit Wehr-
gehängen über ihren braunen Kutten bevor sie auf die
gekalkten Wände die weißen Gewölbe zwischen den
bunten Palmen der Arkaden die seltsamen amphibi-
schen Geschöpfe malten

zwei aus dem gezahnten Maul irgendeines Ungeheu-
ers der Sümpfe schlüpfend weder Fische noch Männer
noch Frauen mit ihren riesigen platten Füßen noch
Schwimmflossen einer von ihnen nicht mit Brüsten
versehen sondern mit Zitzen wie jene Walweibchen
deren Vulva angeblich der einer Frau ähnelt ähnliche
Zartheit

Stille das Wasser sich als Fläche ausbreitend ohne sich
an der glatten Oberfläche des Granits zu brechen sich
zurückziehend ihn naß zurücklassend Flanke eines lila
Walfischs

Trauben aus Blut

oder auch rissig: nicht Fels sondern feste Haut eines
alten Dickhäuters durchfurcht von sich kreuzenden
Runzeln Schrunden Kerben hinterlassen von einem
schartigen Messer

Landesteg aus wackligen Brettern grau geworden vom
Wasser vom Frost von der Sonne schräg auf einem ersten bauchigen Felsen liegend einen weiteren Wasser-
arm überbrückend die Stille sich wellende fahle Schilf-
rohre dann der Stein unter dem Fuß Stille

nur das schwache Knarren des sich spannenden und
lockernden Seils um die Schwimmer leckende kleine
Wellen das rot-weiße kleine Wasserflugzeug reglos auf
dem Wasser liegend wie ein Insekt mit langen Beinen

Kanonaden jedoch für irgendeinen jener Felsen irgendeine Festung aus Blöcken derselben Felsen gemauert
Wächterin dieser Stille dieser Labyrinthe dieser Fetzen

einige ziemlich groß mit Wegen Straßen Häusern mit
grünen Dächern roten Mauern weißen Fensterkreuzen
Vom Flugzeug aus die vor kurzem abgeernteten oder
umgepflügten Felder auf denen die Traktoren parallele
Streifen hinterlassen haben als hätte irgendein riesiger
Kamm sich bemüht sie zu ziehen die Ecken abrundend

zuweilen einen Felsen umschließend oder ein Wäld-
chen jadegrün wie jene heiligen Gärten in Japan wo
der Sand rituell gerecht wird erstarrtes fahles Meer mit
parallelen reglosen kleinen Wellen rings um Steine hier
und da fallengelassen von einem raffinierten Gott

andere kaum groß genug für ein paar Bäume drei Kiefern eine Birke

Plätschern der Stille

wieder andere sogar ohne ein Grasbüschel abgeschlif-
fen kaum über die Oberfläche des Wassers ragend ver-
steinerter Fisch nicht einmal hoch genug um nicht von
einer einzigen Welle überspült zu werden unaufhörlich
gewaschen gefirnißt tausend Male Stille

donnernde Feuerblumen eisengepanzerte Steven große
Segelschiffe in den Meerengen ihre Galionsfiguren vor
sich herschiebend die Spiralen ihrer im Wind klacken-
den geschnitzten Röcke ihre zum Himmel erhobenen
unerschütterlichen Gesichter aus bemaltem Holz mit
einer Hand eine ihrer bepinselten Brüste bedeckend
ihre rosa gefärbten kreidigen Masken ihre fayenceblau-
en Augen ihre dicke teerige Mähne unter dem Bug-
spriet das vom Steven als Mähne aus Gischt zerteilte
Wasser

wie Gotteslästerungen Donnerschläge einander ant-
wortend in der Stille zurückgeworfen von den Eismas-
sen den Felsen dem leeren Himmel

Engländer Franzosen auch rothaarige Barbaren mit
dichtem Backenbart Bretonen mit breiten bänderge-
schmückten Hüten kurzen Jacken dieselben Hände mit
den dicken Fingern den vom Tauwerk abgebrochenen
Nägeln

sämtliche Wildblumen Dolden Zwergglockenblumen
Maßliebchen Windhafer graugrüne oder gelbe Flechten wie Münzen aufeinander übergreifend Flecken
narzißfarbener auf einem Löschblatt sich vergrößern-
der Tinte die lila Haut der Felsen übersäend

Gravierung die zeigt wie sie sich zu schaffen machen
rings um gedrungene schwarze Kanonen auf einer eisengepanzerten Holzlafette mit Trossen befestigt die
der Rückstoß verdreht gedrungener stämmiger Admi-
ral Backenbart wie Werg einen Zweispitz auf dem Kopf
ein kupferglänzendes Fernrohr in der rechten Hand
den Daumen der anderen Hand zwischen zwei Knöpfen seines Waffenrocks auf der Brust

Donner und Feuer

dann wieder die Stille nichts anderes als das Prasseln

124

des Feuers manchmal ein Balken der in einem Funken-
regen zusammensackt die Mauerreste die riesigen zyklamroten Steine der Wallanlagen verstreut zwischen
den stillen Toten

Zeiten, Schlösser
das Admiralsschiff gleitet langsam zwischen den Inseln unter dem komplizierten Gerüst seiner Rahen
und seines Tauwerks irgendeine Eiskönigin an seinen
Bug geschnitzt die Kaiserinnen mit den blau-weißen
und blau-roten Namen Alexandra Kristina Katheri-
na ihre schneeigen und goldenen Gewänder um ihre
Schenkel flatternd ihre schneeigen ein wenig fetten
grausamen Gesichter stolze Herrscherinnen der Step-
pen der Wälder

Prinzessinnen mit ihrer Mitgift aus Archipelen das
Kindbett voller Inseln

Wälder groß wie Kontinente

miteinander streitend den aus dem Süden gekomme-
nen Usurpatoren streitig machend

die Meerengen

die Isthmen

die Seerosen-Inseln

die Quecksilber-Seen

die Fisch-Inseln

die Inselprozessionen

die Sümpfe

die Inselkarawanen auf dem Meer aus Zinn

die Buchten

die bleichen Binsen

die Fisch-Männer mit den schneeigen Körpern mit den
rosa Gräten den Weibchen mit Zitzen in lachsrosa auf
die Weiße der Stille gezeichnet

Fährmann

Schiffsfriedhof

einmal landete ich hier die Sonne wie eine untergehende Orange über dem zugefrorenen weißen Meer hängend rotglühende Scheibe ohne Wärme reglos wie gefangen zwischen den sich kreuzenden Ästen der kahlen Bäume an einem lachsgrauen Satinhimmel die Fassaden mit Giebeln und Kolonnaden am Hafen in zarten Pastellfarben gestrichen blau ocker in der Weiße der Becken die Schleppschiffe hatten Fahrrinnen schwarzen Wassers geöffnet

aber noch nie …

Hauptstadt des Nordens der Kälte

HELSINGFORS blau rot gelb endend mit einer Fahne F im Wind flatternd wogend S, HELSINKI über dem K sich brechend wie jene von den Steven zertrümmerte Dreiecke aus Eis das vermutlich der nächtliche Frost oder vielleicht eine große Kälte unmittelbar hinter dem Schiff wieder zusammengeschweißt hatte, zurückschnellend in den Strudeln des Kielwassers, aneinanderstoßend auf diese Weise erstarrt Chaos gräulicher Platten stern-

förmig sägezahnförmig sich aufeinandertürmend ihre
Spitzen aufreckend während die kleinen Wellen schwarzen Wassers an ihren schrägen Flächen leckten

Schreiende Möwen mit schwarzer Haube deren schwarze Beine sich einen Moment lang auf der matten Oberfläche niederlassen sich wütend zankend dann alle auf
einmal davonfliegend

spiralförmige Orangenschale schwimmend sich hebend und senkend zwischen anderen Abfällen Holz-
stücken Korken Strohhalmen braunen Dingen zu wo-
genden Placken zusammengeklebt

aber noch nie war ich eingedrungen in …

ein anderes Mal die noch orangerote Sonne nach und
nach verblassend rosa werdend am rosa Mitternachts-
himmel an dem sich lange fuchsrote aufgestülpte
Schlieren dehnten wie von den seidigen Borsten eines
Pinsels hinterlassen Dunst oder Rauch aus den parallelen hohen rotbraunen Schloten die ineinander verhakten Kräne der Docks die sich schwarz abhoben vom
geschminkten Himmel

und wieviel Uhr? ein Uhr morgens vielleicht weißes
Pferd in der milchigen Juninacht der Nebel in grauen
Schärpen sich dehnend hinwegziehend über die Wie-

sen zwischen den dunklen Waldungen manchmal wurden sie dichter und das Auto schien in eine ungreifbare Wand einzudringen in der das Licht der Scheinwerfer sich auflöste das einen Moment erblickte Pferd regungslos wie in der Luft hängend wie in einem Film in Zeitlupe die Landstraße entlanggehend hinter dem Zaun der Wiese unwirklich farblos auch dieses kein Tier mehr irgendeiner nordischen Legende entsprungen im Dämmerlicht der gleichen Unwirklichkeit zugehörig wie die Nacht selbst dann verschwand es Weiter entfernt mitten auf dem Land noch immer ein Mann und eine Frau in Stadtkleidung sie in so etwas wie einem Abendkleid beide ebenfalls unwirklich wohin gehend woher kommend von welchem Ball weder Auto noch Haus zu sehen nur die gleichen auseinanderreißenden sich von neuem bildenden Schärpen belebt von unmerklichen Bewegungen ihre Bäuche über das unter dem Tau graue Gras schleppend

Myriaden von Perlen

aber noch nie war ich …

Grünanlagen wo feierliche zeremonielle und strenge Herren auf Bronzestühlen saßen gekleidet in bronzenen Anzügen mit bronzenen Krawatten und schwarzen bronzenen Schnurrbärten mit leerem Blick geradeaus schauend

... eingedrungen in diese Jugend dieses Alter ich glaubte

irgendwo noch immer glitzernd tausend Pailletten sich
entzündend erlöschend zwischen den Baumstämmen
eines Sees

aber es war noch nicht ganz der Norden nur etwas das
Diese Melancholie

zwischen den wilden Blumen herausragend die wilde
leidenschaftliche Vegetation der kurzen Sommer darauf gefaßt das weitläufige Haus nach und nach sich
auflösen zerfallen zusammenbrechen zu sehen wie
zerfressen von unsichtbaren Termiten eine geheime
Melancholie mit seinen Rokokogiebeln seinen Galeri-
en seinen kunstvollen Balkonen von der Zeit vergilbtes
Spitzengewebe aus Holz zwischen dem fahlen Laub wie
jene uralten Damen mit der vertrockneten Haut Mu-
mien auf denen verwelkter Flitter

luftiges Ballkleid man sah nur seinen hellen Fleck vor
dem Hintergrund schwarzer Waldungen schwebend
und die gleichsam phosphoreszierenden weißen Stämme der Birken

aber es war nur der Rand sein schicklicher Saum der
sich in Bronze in Volants in Spitzen kleidete wie um

dann war ich da: nach und nach verloren die Waldungen ihre geometrischen Umrisse ihre Säume wurden
nicht mehr von den geraden Linien der Felder der Zäu-
ne durchschnitten sie wellten sich ihre Spitzen ähnelten
Flammen bald gab es zwischen ihnen keine grünlichen
schwammigen Placken mehr mit ungewissen Ufern wo
sich schwarze Bäche wanden die Hügel begannen sich
zu schälen man konnte die malvenfarbene Haut der
Erde sehen dann war es soweit ich betrat das Alter der
Welt die Tausende die Zehntausende die Hunderttau-
sende von Bäumen von den Stürmen gefällt entwurzelt
niedergestreckt zwischen den senkrechten Schäften
den neuen aufschießenden Säften einige umgekippt die
sich noch an irgendeinen jüngeren klammerten kein
Felsen mehr keine Gräser mehr keine Blumen mehr
keine Straße mehr nur die fahlrote sandige Piste zwischen den weichen Wellen der mit Moos mit grauen
Flechten bedeckten Dünen

und so fort bis Sevettijärvi und so fort bis Kandalakscha
und nach Kandalakscha Archangelsk und nach Archangelsk Workuta und nach Workuta Igarka und nach Igarka Salechard die Ebenen die Hochplateaus das Wercho-
jansker Gebirge das Tscherskigebirge und so fort bis zum
Anadyrgolf die Tschuktschensee weit sehr weit weiter
als ein Mensch in einem ganzen Leben gehen könnte der
Wald immer der Wald nur unterbrochen von Sümpfen
Teichen mit türkisfarbenem Wasser amethystfarbenem

Wasser saphirfarbenem Wasser lange regungslose Strö-
me riesige Mündungen Flüsse die Goldpailletten fort-
schwemmen wildwütige Stromschnellen

noch nie

ich ging durch die Kindheit der Welt Vom Gipfel des
Waldes durch einen Streifen rötlichen Lichts getrennt
ragte ein Wolkengebirge am oberen Rand von einem
Silberstreif gesäumt

blendend

Friedhof wo von jeher kein Holzfäller

Skelette kreuz und quer zwischen den Lebenden liegend
mit ihren phantastischen Wurzeln wie Kronen aus Dol-
chen ihre silbergrauen Glieder krampfverzerrt ich ging
über die Stille aus Flechten die Stille aus Sand (man sagt
so gäbe es Friedhöfe von ausgestreckten Walfischen von
Gebeinen) diejenigen die von den letzten Stürmen gefällt wurden noch unversehrt hart andere zerbröckelten
wenn ich darauf trat zerbrachen wieder andere waren
nur noch undeutliche Schwellungen des Bodens schon
mit den gleichen Flechten bedeckt ihre Stämme zu drei
Vierteln verrottet schon zum Humus zurückkehrend zur
Erde aus der sie emporgeschossen waren weißhaarige
Riesen niedergestreckt nach und nach waren sie aufge-

weicht zusammengesackt sich den Profilen der Dünen
anschmiegend einsinkend verschlungen verschluckt

Jahrhunderte

noch nie war ich eingedrungen ins Alter in die Friedhöfe der Welt: entstehend wachsend ungestüm den
Stahl der Winter durchlebend die Sommer ohne Nächte die Herbste dann von neuem die Hermelinwinter
weitere Sommer weitere Herbste sich dann niederle-
gend rissig werdend sich zersetzend Nahrung für die
Wurzeln derer die an ihrer Stelle

Matrix der Bäume

Unter dem Wolkengebirge färbte sich die blutige Fran-
se rußbraun sein lichtgesäumter Gipfel hob sich nach
und nach jetzt Mauer von blauem Schwarz

Wiege der Wälder

allmählich dunkelten die Wasser der Strudel am Ende
wurden auch sie gänzlich schwarz Tinte in der die
Mähnen die galoppierenden Rosse aus Gischt jetzt wie
Schnee waren die Birken am andern Ufer immer blas-
ser unter dem schwarzen Himmel als hätte alles Licht
sich in diesen Wirbeln diesem Brodeln gesammelt das
Laub plötzlich entfärbt der Regen begann zu fallen

heftig wild vermischt mit Blitzen über den öden Ufern
über den Tausenden und Abertausenden verkrampft
daliegenden toten Kiefern

orangerotes Licht auch in der Bar aufgesogen von der
dunklen Täfelung sich an die geschliffenen Wände der
Gläser heftend die nackten Arme der Frauen wie aus
sich heraus leuchtender heller Schmelzfluß

begreifend warum gleichsam etwas Südstaatliches
in dieser ein wenig gezwungenen ein wenig rigiden
Wohlanständigkeit lag um die sie bemüht waren als
schützte sich der großartige und wilde Hohe Norden
als bemühte er sich eine Barriere eine Fassade zu er-
richten hinter der

darauf gefaßt irgendeine Figur von Tschechow auf-
treten zu sehen irgendeinen sanften und traurigen
melancholischen Mann im Gehrock mit Spitzbart
und Zwicker der auf der Galerie unter den filigranen
Holzschnitzereien erschiene die wurmstichigen Stufen
herunterkäme sich in einen Korbsessel auf dem gut ge-
rechten Kies setzte und so täte als öffnete er ein Buch
während man durch die Fenster mit ihren kunstvoll
geschnitzten Vordächern deren Farbe abblätterte Frau-
en in ihren Sommerkleidern mit den steifen Kragen
den Puffärmeln in der Mitte gescheiteltem Haar ihren
Mandelaugen den leicht vorspringenden Wangenkno-

136

chen den von unterdrückten Leidenschaften geprägten Gesichtern kommen und gehen sähe indes die silbrigen Blätter der Birken lautlos bebten ihre silbrigen und rosigen dünnen Stämme von schwarzen Flecken übersät, wie waagrechte Münder, Furchen, oder Wunden

ich ging durch die Kindheit das Alter der Welt meine Schritte machten kein Geräusch

es sah zu wie ich näherkam seinen Körper im Profil den Kopf mir zugewandt sein schweres verzweigtes Geweih das mit dem gleichen grauen schwarzabgeschatteten Pelz bedeckt war wie sein Körper ich blieb stehen so verharrten wir eine Weile es mit seinem Kopf eines nachdenklichen Pferdes dem etwas weichen Mund seinen sanften Augen dann wandte es sich ab gleichgültig hoheitsvoll entfernte sich mit lässigem Schritt dann in leichtem Trab zwischen den spärlichen Bäumen die Haufen toter Äste umgehend geräuschlos elegant und allein in der Unendlichkeit der Wälder zwischen den Stämmen erschien und verschwand sein graues Fell bald verlor ich es aus den Augen

oder Friedhof von Renen vielleicht riesigen Tieren die hier herdenweise lagen mit ihren verhakten krummen grauen Geweihen die der Winterfrost nach und nach rissig macht

ich sah auch zwei gewaltige Hasen mit ihrem Hinterteil aus weißem Fell ihren langen Ohren einer rannte
fast zwischen meinen Füßen los als ich mich bückte um
eine Wurzel aufzuheben einem Kandelaber ähnlich

(und jene fremdartigen Büsche aus in alle Richtungen
dornig sich kreuzenden Nägeln stellenweise sich häu-
fend parallele Garben Basaltorgeln die ich auf dem
Boden fand – welcher hier gelandete Schmied welcher
Zimmermann … – Igel aus verrosteten Nägeln Massen
die ein körniger Fluß geschmolzenen Metalls verklebte
Werk des Feuers der Luft und des Wasser an etwas das
aus den Eingeweiden der Erde geholt worden war …)

ich streichelte einen fuchsroten Hund mit spitzer
Schnauze spitzen Ohren wie ein Fuchs sanften Augen
Bilder zeigten wie man Bären fing unter Stämmen die
mit schweren glatten Steinen beschwert waren Wölfe
die grausam an einer ihrer Pfoten hängenblieben in
einer Astgabel festgeklemmt oder Füchse deren Hinterteil ein Laufknoten einschnürte und das ein Gegengewicht mit dem Kopf nach unten an einem Pfahl
hochzog

man sagte mir daß etwas weiter entfernt am Rand des
großen Flusses der zwischen sandigen Ufern nach Norden fließt ein uralter Mann lebe (ich fragte nach seinem
Alter man nannte es mir: das meinige) der noch nie von

dort fortgegangen war außer um in den Krieg zu ziehen und der danach zurückgekehrt war an diesen Ort wo er geboren worden war wo er immer gewohnt hatte wo er gelebt hatte als es noch keine geteerten Straßen (und sogar überhaupt keine Straßen) gab keine Flugzeuge keinen elektrischen Strom keine Propellerschlitten keine Honda-Motorräder wie das seines Enkels keinen Johnson-Motor am Heck der langen Pirogen kein Heizöl keine Ölöfen keine vorgefertigten Baracken nach dem Modell derer von Minnesota oder Wisconsin keine Läden in diesen Baracken in denen man Standard-Angelhaken findet Zahnpasta Anti-Mücken-Spray Karabiner mit Zielfernrohr Illustrierte mit nackten Mädchen in Kodacolor auf dem Titelblatt Antibiotika Schokolade Kleiderbügel Reinigungsmittel als es auch noch keinen Apotheker gab keinen Arzt der sich im Wasserflugzeug oder im Hubschrauber fortbewegte kein Fernsehen kein Postamt keine Gemüsekonserven keine …

der Fluß strömte ruhig langsam breite Mäander beschreibend der Himmel war grau das Wasser war grau ein kalter Wind blies der Enkel trug ein leichtes T-Shirt mit einem Aufdruck auf englisch und stocherte im Motor der ans Ufer gezogenen Piroge Er sagte er sei nicht zufrieden mit dem Fang seit zehn Tagen habe er jede Nacht auf dem Fluß verbracht und nur Lachse von fünfzehn Kilo gefangen

der Fuchshund rannte schwanzwedelnd zu mir rieb
sich an meinen Beinen legte sich dann auf den Rücken
die Vorderpfoten einwärts biegend damit ich ihm den
Bauch kraule

Arme weiß wie fließende Milch einer ihrer Gefährten
stand auf und verbeugte sich sie ging vor ihm zur Tanzfläche ihre Arme waren wie Schnee

man sagte mir der alte Mann könne mir erzählen wie
man in den Graupelstürmen zu Beginn des Winters
die Rentiere zusammentrieb wie man sie in Gehege
aus gitterartigen grauen Stangen pferchte wie man sie
an den Ohren je nach dem Besitzer der Herde markierte wie man nicht behandelt wurde wenn man
krank war wie man starb ohne etwas zu sagen wie
man die Toten auf der einzigen Insel mit sandigem
Boden begrub weil man nur Holzschaufeln hatte wie
Hochwasser einmal die Skelette herausgeschwemmt
hatte und wie man sie noch einmal begraben mußte
wie man Stücke Rentierfleisch und getrocknete Fische
auf einer anderen Insel deponierte als Opfergabe an
die Götter und wie der benachbarte Stamm den ge-
frorenen See überquert hatte um das Fleisch und die
Fische zu stehlen wie man andere Rentiere geopfert
hatte deren hohle Knochen man noch heute in den
Felsspalten sehen konnte wie die Elche die jedes Jahr
ihr Geweih verlieren wie die Rentiere es so sorgfältig

verstecken daß niemand je eines hat finden können wie ...

dann ließ der Regen nach die Wälder wurden wieder dunkel das Wasser der Stromschnellen so hell wie die Gischt der Fluß nur von schwarzen Felsen durchlöchert eine fuchsrote waagrechte Flamme erschien dicht am Boden sich wellend hielt am Fuß einer Kiefer inne sprang dann augenblicklich weiter wobei sein langer Schwanz sich hinter ihm wellte das Eichhörnchen erreichte den Fuß eines anderen Baums hielt wiederum inne schien nachzudenken auf seinem Hinterteil sitzend den Kopf nach rechts und nach links drehend verschwand dann mit wenigen Sätzen Ein gelber Streifen zog sich jetzt über den Bäumen hin während ich schrieb er trieb langsam nach rechts nach Nordosten das Gewitter hatte einen Leitungsmast zerstört und der elektrische Strom war unterbrochen aber bei dem Licht konnte ich schreiben es war nach Mitternacht

weiß in der weißen Nacht ähnelte es einem jener schweren wie einem Bild von Uccello entsprungenen Schlachtrosse mit seiner vor Muskeln höckrigen Brust unwägbar lange in der Luft hängend zwischen zwei Sprüngen vielleicht trug es eine unsichtbare nordische Märchenprinzessin mit Armen aus Schnee einem Kleid aus Nebel ich suchte den uralten Mann am Fluß nicht auf

alles wurde wieder normal schicklich In dem Maße wie
der Norden sich entfernte wurden die Waldesränder
abermals geradlinig wie eingedeicht gezähmt die klebrigen Sümpfe verschwanden

die milchige Nacht erfüllte auch die Straße Licht das
von überall und nirgends kam hier und da gab es dunkle Silhouetten von Menschen an die Mauern die Bäume
gelehnt schweigend worauf wartend als wäre der Schlaf
hier unmöglich große weiße Vögel flatterten umher lie-
ßen sich auf der menschenleeren Fahrbahn nieder machten ein paar Schritte flogen geräuschlos auf der Vogel der
Minerva beginnt in der Dämmerung seinen Flug

ich meinte daß der alte Mann ein Recht auf Schweigen
hatte auf den Frieden dort am Ufer des großen alten
Flusses der langsam zu den eisigen Ozeanen strömt

da ich seinen Bauch nicht mehr kraulte sah der Fuchshund mich einen Moment mit seinen sanften kleinen
Augen fragend an ist dann aufgestanden hat sich geschüttelt und ist zu den Wäldern gelaufen

weiches Fließen wie Milch ein Arm auf der Schulter
des Mannes mit dem sie tanzte

142

auf dem Rasen war der Mann mit dem bronzenen Anzug noch immer an seinen bronzenen Stuhl geschweißt
mit seiner Bronzekrawatte ernst vor sich hinblickend
die Hände auf den Schenkeln

fast bläuliches Weiß

große Kadaver von Bäumen alle in derselben Richtung
an den Tagen ohne Ende den Nächten ohne Ende einige
sahen aus wie Rieseninsekten von vor der Sintflut Skelette Tausendfüßler auf krummen Beinen kriechend

sieben oder acht vielleicht mit baumelnden Beinen auf
dem Rand der Kaimauer sitzend vor der Reihe pastell-
blauer Fassaden den rötlichen Kuppeln der russischen
Kirche die gleichen bezaubernd und austauschbar wie
in Amsterdam am Ufer der Seine oder im East-Village
die Mädchen unmöglich von den Jungen zu unter-
scheiden da alle die gleichen langen blonden Haare
trugen die gleichen ausgewaschenen Jeans träge ihre
nackten Füße auf und ab schwingend deren Fersen
den Stein berührten einige wandten den Kopf schau-
ten mich an ohne mich zu sehen zwei von ihnen hatten
eine Gitarre

das Schiff nach Leningrad legte bereits ab sich in der
Mitte des Hafenbeckens mit extremer majestätischer
Langsamkeit um sich selbst drehend während der

Schornstein Rauchspiralen ausspuckte Auf sein weißes
Heck legte der unsichtbare Sonnenuntergang der ab-
sinthfarbene Himmel über der Kuppel der Kathedrale
einen vage goldenen Widerschein

einer der Jungen hat angefangen auf seiner Gitarre zu
kratzen und halblaut zu singen Es ist eine gutturale
Sprache hart und zart zugleich die ein wenig an das Ja-
panische erinnert mit verdoppelten Vokalen und Kon-
sonanten sich dehnend gleichsam an Pfosten am Schaft
der harten Buchstaben hängend die T die K gleich Stützen Bruchkanten Ihre Art Ahhrha zu sagen … ebenfalls wie die Japaner um ihr Interesse ihr Erstaunen zu
bekunden

leicht geschlitzte Mandelaugen

auf der Schallplattenhülle kann man die Worte lesen
Eines der Lieder beginnt so:

Miten mielellâni miten mielellani
puhuisinkaan suuresta ilosta
Maan ja taivaan mehuista
ja rakkaudesta

ich stelle mir vor daß wie bei allen Liedern der Sinn der
Wörter unwichtig ist Nur ihr Klang ihre Musik

144

als ich mich umdrehte war das Schiff nach Leningrad bereits verschwunden (mit jener blitzartigen Geschwindigkeit der langsamen Dinge: dort dann im nächsten Augenblick nicht mehr dort während man nur den Kopf gedreht hat so scheint es) Als hätte man es ausradiert als hätte es nie existiert das Hafenbecken war leer ein schon frischer Windstoß kräuselte das Wasser das plötzlich unter den nackten Füßen plätscherte die festgemachten Boote begannen aneinanderzustoßen

der Wind flaute ab erhob sich wieder flaute noch einmal ab wurde dann nach und nach stärker ihre langen Haare bewegend wie Gräser eines der Knaben-Mädchen zog eine Strickjacke über Der Wind blies von Norden in dem Maße wie er sich einnistete wurde er immer kälter

An Deck

FORTSCHREITEN IN EINER VER-
SCHNEITEN LANDSCHAFT

I

In leichtem Trab dringt er in den Wald ein. Fast ohne
daß er es zu lenken braucht, schlüpft sein Reittier zwischen den schwarzen Baumstämmen hindurch. Von
Zeit zu Zeit muß er sich über den Hals des Pferdes
beugen, um einem niedrigen Ast auszuweichen. Zwei
kleine Dunstwolken entweichen den Nüstern der Stute. Ihre Hufe sinken lautlos in den Schnee. Die einzigen Geräusche, die man hört, sind das Schnauben des
Tiers, bisweilen unterbrochen von einem heftigeren
Ausatmen gleich einem Niesen, das Klirren von Stahl
(das Kauen auf der Kandare und der Kinnkette, das gegen den Steigbügel schlagende Säbelfutteral) oder das
dumpfe Knacken eines toten Astes, auf den die Stute
tritt. Manchmal lassen die Luftbewegung oder vielleicht die unmerklichen, von den Hufen verursachten
Erschütterungen des Bodens einen Klumpen Schnee
von einem Zweig fallen, der ebenfalls lautlos herabglei-
tet. Er spürt lediglich einen leichten Schlag auf seinen
Hut oder eine Schulter, wie den von einer Hand, die
sich sanft darauf legen würde. Im Rhythmus des Trabs

147

gleiten die glänzenden Pailletten ruckartig herab, die Klappe einer Satteltasche, das Tuch seiner Hose am Knie bestäubend. Sie schmelzen nicht einmal bei der Berührung mit dem Stoff und zerstreuen sich nach und nach. Dennoch bleiben ein paar feine Spuren in den Nähten haften, in den Knicken des Leders und den Falten des weiten Mantels, von dem er einen Schoß über seine Schulter geworfen hat. Der Himmel ist grau, niedrig, eisenfarben. Als er am Ausgang des Dickichts die Stute galoppieren läßt, geht ihr Atem schneller. Bei jedem Sprung läßt die von den Lungen ausgestoßene Luft die weichen Lippen rasch aufeinanderschlagen.

II

Er braucht seine Hand nur ein klein wenig zu verlagern, um die Stute zu lenken, die in leichtem Trab dem Waldrand zustrebt, zwischen den Baumstämmen hindurchschlüpfend. Auf der Weiße des Schnees wirken die Stämme einförmig schwarz. Aus der Nähe indes erscheint die Rinde der Birken von silbrigem, stellenweise rosarotem Grau, übersät mit kohlefarbenen waagrechten Rissen, Wundrändern gleich. Die Fichten haben dicke Schuppen von rötlichem Braun. An den Spitzen der Schuppen halten sich winzige Simse angehäuften Schnees. Zwei Spindeln bläulichen Dunstes entweichen regelmäßig den Nüstern des Pferds. Zuerst nach unten geblasen, steigen sie langsam in die eisige Luft empor, in der sie sich auflösen. Trotz dem Schutz des Handschuhs schmerzen an der Hand, die die Zügel hält, die Fingerspitzen wie von einem Schraubstock zerquetscht. Um ihn herum gleiten, je nach der Entfernung in unterschiedlicher Geschwindigkeit, einer hinter dem andern die senkrechten Stämme vorbei wie Gitterstäbe, von einer langsamen horizontalen Bewegung belebt. Die Hufe sinken lautlos in den Schnee, wo sie den Abdruck der Hufeisen hinterlassen. Manchmal zwingt der angehäufte Schnee die Stute, langsamer zu werden, und sie geht nur noch im Schritt, ihre Vorderbeine hebend wie beim Piaffieren, ihre Hinterhand mit kleinen Sprüngen vom Boden lösend, wobei sie im Schnee eine von Geröll durchbrochene tiefe Furche hinterläßt. Ihr Atem geht nun schneller. In den vom Frost hart gewordenen Stiefeln scheinen die Füße mit dem Leder verwachsen zu sein. Der niedrige Himmel hat eine metallische, leicht kupferne Farbe. Die Stute macht muskulöse Rückenstöße, um sich aus den Schneewehen zu befreien. Er hilft ihr, sich auf die Kandare zu stützen, indem er die Hand hebt, die die Zügel hält, und die Schenkel zusammenpreßt, um sich im Sattel zu halten. Von den heftigen Anstrengungen des Tiers geschüttelt, stoßen die Säbelscheide und ein Steigbügel mit einem hellen Klirren aneinander in der Stille, von der es sogleich geschluckt wird. Kein Wind bewegt die Wipfel der Bäume. Manchmal lösen sich

Beine

ohne ersichtlichen Grund, ohne daß irgend etwas im Dickicht sich bewegt hätte, ohne daß er einen Vogel hat auffliegen sehen, Klumpen von Schnee, rutschen von Zweig zu Zweig, andere Klumpen mitziehend in einer kleinen Lawine, die auf einem niedrigen Ast zerstiebt, und die Geschwindigkeit überzieht sein Gesicht mit einem Puder glitzernder Pailletten, die nicht einmal auf der Wärme der Haut schmelzen, an den Stoffhaaren hängenbleiben und sich nach und nach im Rhythmus des Trabs in den drapierten Falten seines Mantels sammeln. Noch immer hält er die Zügel hoch, bereit, den Kopf des Pferdes anzuheben, falls es auf ein Hindernis stoßen sollte, auf einen der unsichtbaren toten Äste unter dem Schnee, die man manchmal mit dumpfem Geräusch knacken hört.

III

Die Kälte umschließt seine Füße wie mit eisernen Stiefeln. Er spürt, wie sie langsam um sich greift und an seinen Beinen hochkriecht. Von leicht höckrigen Stellen zurückgehaltene kleine Schneehaufen lassen die silbrigen Stämme der Birken dunkler erscheinen, deren Rinde, stellenweise von zartem Rosa, von waagrechten Kerben aufgerissen ist, wie von schwarzen Mündern mit aufgeplatzten Lippen. Gefrorener Schnee liegt auch auf den schuppigen Stämmen der Kiefern, von malvenfarbenem Grau, deren Vorsprünge Unebenheiten aufweisen, an denen er haftet, zuweilen unter seiner krümeligen Schicht eine Seite der Stämme vollständig bedeckend, zwischen denen das Pferd in leichtem Trab hindurchschlüpft, kaum geführt von winzigen Verlagerungen der Hand. Bald steigt leichter Dampf von der Brust und den Schultern des Pferds auf, das manchmal langsamer wird, in den Schritt fällt und sich müht, um sich aus einer Schneeverwehung zu befreien, seine Beine eines nach dem andern herausziehend, den Hals wiegend und sich mit nervösen Lendenstößen helfend, ein wenig in Panik, die der Kavallerist mit der Stimme beschwichtigt, allerdings gezwungen, die Knie zusammenzupressen und sich nach hinten zu beugen, um die jähen Sprünge des starken muskulösen Körpers abzufangen. Der Himmel ist dunkel, farblos, die langgezogenen Massen der Wolken in einer Folge leicht geblähter Streifen erstarrt, eine zusammenhängende Decke bildend, ohne einen Riß, mit dem Bleistift Ton in Ton modelliert in einer Abstufung von metallischem, fast schwarzem Grau, vor der sich die gegabelten Enden der Äste kreuzen. Ihm ist, als steckte ein Stift aus Eis unter jedem Fingernagel der Hand, die er jetzt bis in Brusthöhe hebt, die Zügel anziehend, um es dem Pferd zu ermöglichen, sich auf die Kandare zu stützen, ihm zu helfen, sich aus den Schneewehen zu befreien und es am Stolpern zu hindern, wenn seine Beine sich in einem unsichtbaren toten Ast unter dem Schnee verheddern.

Die Stille scheint alle Geräusche sogleich zu schlucken. Als ob die gestreifte Haube der niedrigen Wolken, fest mit dem Horizont der verschneiten Ebene verschweißt, den Wald, die ganze Landschaft unter einem Stahldekkel verschlösse, den kein Laut zu durchdringen vermag. Man hört keinen einzigen Vogel im Wald. Nicht einmal das verstohlene Rascheln eines aufgeschreckten, ins Dickicht fliehenden kleinen Tiers. Kein Zwitschern, keinen Ruf. Dabei hat er vorhin, als das Pferd sich abmühte, bis zur Brust eingesunken, die zarten Abdrücke gesehen, die Füße in Form eines Dreizacks im Schnee hinterlassen haben: eine Reihe winziger Fächer, träge Arabesken zeichnend, ohne sichtbares Ziel, manchmal zu sich selbst zurückkehrend, sich überschneidend, Schleifen bildend. Stellenweise haben die Auswirkungen des Windes, die Wirbel zwischen den Bäumen den Schnee in Form von Wellen modelliert, und unter den dicken Kämmen verfestigter Gischt kann man die unter ihrem Gewicht gekrümmten Gräser sehen, auch sie verfestigt, gefroren und vergilbt, brandig. Seine Füße scheinen in Steigbügeln aus Kälte zu stecken. Sobald es sich aus der Schneewehe befreit hat, läßt er das Pferd wieder traben. Dennoch bringt die Bewegung keinerlei Erwärmung. Oft muß er seinen Oberkörper nach vorn oder zur Seite neigen, um zu vermeiden, daß er von einem niedrigen Ast zerkratzt wird, oder um unter ihm hindurchzukommen, oder aber er zieht seine linke Hand unter dem Mantel hervor, um einen Zweig weg-

zuschieben. Manchmal auch spürt er plötzlich auf seinem Hut oder auf seiner Schulter ein leichtes Gewicht,
das kein Geräusch angekündigt hat, und der Klumpen
Schnee gleitet, zerbrechend, in die Falten des Mantels.
Andere Male legt sich so etwas wie ein Nebel aus un-
greifbaren Pailletten auf sein Gesicht. Sie dringen ihm
in die Nase, die Augen und den Mund, wo sie rasch
schmelzen. Sie haben einen metallischen Geschmack,
wie Eisensplitter, Feilspäne, nicht unangenehm. Diejen-
nigen, die an seinen Brauen hängenbleiben, schmelzen
nicht, und wenn er die Augen hebt, sieht er einen ver-
schwommenen weißlichen Saum. Trotz dem Mantel-
schoß, den er über seine Schulter geworfen hat und in
dem sein Kinn verschwindet, sickern einige Kristalle
unter seiner Krawatte in den Hemdkragen. Die Scheide
seines Säbels klirrt bei jedem Schritt des Pferds gegen
den rechten Steigbügel, und mit dem Atem des Tiers ist
es das einzige Geräusch, das man hört, ungewöhnlich,
riesig in dem Mantel der Stille. Wenn sie unter einem
schwer beladenen Ast hindurchkommen, geschieht es
auch, daß sich durch die wenngleich unmerklichen Erschütterungen des Bodens oder eine Luftbewegung ein
großer Klumpen Schnee ablöst, der kurz hinter ihnen
mit schwachem Zischeln herabfällt wie eine Kaskade,
ein weißer Vorhang, mit weichem Geräusch zu Boden
sinkt, manchmal die Kruppe des Pferds bestäubend, auf
der die Kristalle einen Augenblick glitzern, bevor sie
erlöschen. Dampf steigt aus dem nassen Fell. Das ma-

hagonibraune Fell des Pferds ist durch den geschmolzenen Schnee und den Schweiß dunkel gefärbt: zuerst
kleine Flecken wie Augen, dann ganze, fast schwarze
Placken. Auch der Hals beginnt auf den Seiten feucht
und dunkel zu werden. Sich vom absoluten Weiß des
Schnees abhebend, wirken die Stellen, an denen das
Fell noch trocken ist, fast rot. Kleine Eisbrocken bleiben in der schwarzen Mähne hängen. Hinter dem letzten Dickicht, in der Ebene, ist der vom Wind gefegte
Schnee weniger dick, und man kann sogar die Spitzen
der Stoppeln sehen, die durch die gefrorene Kruste
brechen. Einige Augenblicke lang trabt er weiter, und
jetzt kann er die dünne Eisschicht hören, die unter den
Hufen knackt. Am Ende preßt er die Beine ein wenig
zusammen und läßt das Pferd in den Galopp fallen.

Traube

PHOTOGRAPHIE UND LITERATUR

Wie jeder andere begann ich damit, Verwandte, Freunde und manchmal »pittoreske« Landschaften zu photographieren. Diese Art von affektiver Motivation hat dann langsam einer anderen Platz gemacht, die präzise zu bestimmen schwierig, wenn nicht gar unmöglich ist. Der Status der Photographie wie auch derjenige der Malerei und der Literatur ist zweideutig. Auch wenn Photographieren natürlich bedeutet, durch ein Bild etwas festzuhalten, das an einem bestimmten Ort zu einem bestimmten Zeitpunkt stattgefunden hat, so hat dieses Bild doch eine eigene Existenz, unabhängig von jeglicher memorierenden oder bewahrenden Funktion. Für Historiker, Soziologen oder andere Wissenschaftler stellt das gemalte Portrait eines Königs, einer Königin oder eines Bischofs – oder eines Bürgers – in jedem Fall ein Studienobjekt oder eine Informationsquelle dar. Für den an Malerei interessierten Laien jedoch spielt es kaum eine Rolle, ob das Portrait ähnlich ist, ob es ein getreues Bild der dargestellten Person vermittelt. Selbstverständlich macht es für mich einen Unterschied, wenn ich weiß, daß die von Goya gemalte Dame mit dem Gesicht und der Haltung eines Küchenmädchens Königin von Spanien war oder daß die von Manet portraitierte Person mit dem langen roten Schnurrbart eines pensionierten Offiziers der Napoleonischen Armee Mallarmé war. Was aber zunächst meine Aufmerksamkeit fesselt und mir Vergnügen bereitet, das sind die eigentlich pikturalen Eigenschaften dieser Bilder, also der Zusammenklang der Farben, den der Künstler herzustellen verstand, das Gleichgewicht und die Harmonie der Formen (und der Leerräume), die er umrissen hat, während ich an diesem oder jenem anderen Portrait, das vielleicht dem Modell besonders ähnlich ist, aber keine dieser Qualitäten bietet, allenfalls als Neugieriger vorbeiginge.

In der Literatur haben die Vertreter einer bestimmten Schule von Romanautoren mit einer manchmal aggressiven Strenge und Autorität geglaubt, das, was sie die referentielle Dimension des Textes genannt haben, von seiner »literalen« Dimension trennen zu können, in der Form einer algebraischen Gleichung, die zeigt, daß beide Werte sich umgekehrt proportional zueinander verhalten, was wahr und zugleich falsch ist, da jeder Text immer sowohl Struktur wie Träger (véhicule) ist (um eine modische aber praktische Terminologie zu gebrauchen), so daß, dem Nachweis eines großen Linguisten zufolge, die einfache Feststellung eines Gerichtsvollziehers poetische Qualitäten annehmen kann (wie vielen ehrgeizigen »Gedichten« fehlen sie dagegen völlig …). Im Rahmen eines Kolloqui-

158

ums, das jetzt ungefähr 20 Jahre her ist, hat man mir mit aller Strenge (wenn nicht sogar mit einer gewissen Unruhe) vorgeworfen, anläßlich einer Ausstellung auf meine »Referenten« hingewiesen zu haben, die mein strenger Richter dem entgegenstellte, was man in dieser Gruppe die »Textgeneratoren« nannte (es handelte sich in diesem Fall um ein eher amüsantes Dokument, den Brief eines Kavallerieobristen, der die Genauigkeit »bis ins kleinste Detail« einer Episode aus *Die Straße in Flandern* und einer in den *Leitkörpern* beschriebenen chilenischen Banknote bestätigte). Ich persönlich finde diese Art von Debatten völlig sinnlos, und solche extremen Standpunkte scheinen mir in Sackgassen zu führen, zu sterilen und substanzlosen Werken. Im Fall der Photographie würden sie zum Beispiel bei dem Verbot enden, ein Bild zu datieren oder zu lokalisieren. Man fragt sich zu Recht warum …

Es muß ein Zustand des Gleichgewichts gefunden werden. Seiner schwierigen Suche gilt mein Schreiben. Sie bedarf großer Anstrengungen und vieler Durchstreichungen, und auf eine Suche gleicher Art habe ich mich mit einem Photoapparat und einem Vergrößerungsgerät begeben. Genau wie ich mit Ungeschick Schritt für Schritt dahin gelange, nach vielem Bereuen, Streichen und Hinzufügen Texte zu verfassen, die mir halbwegs Hand und Fuß zu haben scheinen, versuche ich Bilder zu machen, die den beiden Faktoren, von denen ich gesprochen habe, Rechnung tragen, mit dem einen Unterschied, daß ich zwar einen Text bereichern oder verbessern kann, indem ich hier und da ein Wort, einen Satz oder sogar einen ganzen Absatz einfüge, mir aber zur Korrektur meiner photographischen Brouillons nur die Wahl zwischen den unterschiedlichen Graduierungen von mehr oder weniger kontrastreichen Papiersorten bleibt, sowie die Möglichkeit, das Bild zu verkleinern, nicht aber ihm etwas hinzuzufügen.

Ebensowenig wie beim Schreiben besitze ich beim Photographieren die Gabe der Spontaneität, so daß es mir, mißtrauisch wie ich mir selbst gegenüber bin, meistens geschieht (manchmal auch mangels eines Teleobjektivs), daß ich mein »Motiv« sehr großzügig rahme, da ich weiß, daß ich in der Stille der Dunkelkammer, ohne Hast und in aller Ruhe, immer noch alles, was mir überflüssig zu sein scheint, die Aufmerksamkeit zu zerstreuen oder die Komposition aus dem Gleichgewicht zu bringen droht, entfernen kann. Es mag sein, daß Berufsphotographen ein solches Vorgehen tadeln oder verachten, aber ich verfüge nicht über ihr »Handwerk«. Als ich einmal während eines Gesprächs zugegeben habe, beim Schreiben tastend vorzugehen und von handwerklichen Methoden Gebrauch zu machen, sagte mir mein Freund Pierre Soulages: »Du bist im Unrecht, ein Handwerker weiß ganz genau, was er herstellen wird: einen Schuh, einen Tisch, einen Tontopf. Wir wissen nie, was wir herstellen werden – oder eher was sich herstellen wird ...«

Auch wenn man in vielerlei Hinsicht zwischen den verschiedenen Künsten und der Photographie Parallelen ziehen kann, so besitzt doch nur die Photographie eine ziemlich seltsame Macht, von der sicher schon andere vor mir gesprochen haben, die ihr aber so sehr eignet, daß sie mich immer wieder in Erstaunen setzt. Es ist die Macht, festzuhalten und zu speichern, was unser Gedächtnis selbst zu behalten außerstande ist, nämlich das Bild von etwas, das nur in einem winzigen Bruchteil der Zeit stattgefunden und existiert hat. »Wenn man sich einen Punkt in der Zeit vorstellt, der nicht mehr in Zeitabschnitte aufgeteilt werden kann, wie klein sie auch sein mögen«, schreibt Augustinus, »dann kann man nur diesen Punkt ›Gegenwart‹ nennen, und dieser Punkt bewegt sich so schnell von der Zukunft in die Vergangenheit, daß er keine Ausdehnung in der Zeit hat. Denn wenn er eine Ausdehnung hätte, zerfiele er in Vergangenheit und Zukunft, die Gegenwart aber ist ohne Ausdehnung.« Und Borges spricht in seiner *Geschichte der Ewigkeit* von der »Agonie des Gegenwartsmoments, der sich in Vergangenheit zersetzt«. Kein menschlicher Geist kann im Gedächtnis behalten, was der Blick in einer dieser unaufhörlichen Sekundenbruchteile umfaßt, die in der Zeit in einem derart schwindelerregenden Tempo aufeinander folgen, daß in dem Moment, in dem ich den letzten Buchstaben eines Wortes aufzeichne, die Geste meiner Hand, mit der ich den vorhergehenden schrieb, schon der Vergangenheit angehört. Wenn man von der Vergangenheit spricht, meint man damit im allgemeinen etwas, was sich in einer mehr oder weniger großen Distanz befindet. »Warum sind Sie so auf die Vergangenheit fixiert?« fragte mich in dem Wagen, der uns vom Flughafen in die Stadt brachte, ein Professor der Göteborger Universität, der erstaunt war, als er von mir die Antwort erhielt, daß der Satz, den er vor einem Moment ausgesprochen hatte, schon hinter uns verschwunden war.

Valéry stellt einmal fest, daß der Maler in dem Augenblick, in dem er einen Pinselstrich aufträgt (oder eine Linie zieht), auf sein Gedächtnis zurückgreifen muß, um sich an die Form oder die Farbe des Modells zu erinnern, von dem sich sein Blick gerade abgewandt hat, um sich der Leinwand zuzuwenden. Wenn er seine Reflexion auf die Spitze getrieben hätte, hätte er sagen können, daß in dem Moment, in dem der Maler von neuem sein »Motiv« betrachtet, dieses nicht mehr das gleiche ist, weil sich das Licht und die Haltung, sei es auch nur in unendlich geringem Maße, verändert haben werden. Wenn man noch einen Schritt weiter ginge, könnte man sagen, daß selbst unter der Voraussetzung, daß weder das Licht noch das Modell sich verändert haben (wie zum Beispiel im Fall eines Stillebens; Flasche, Glas, Obstschale, etc.), letzteres, wenn der Maler seinen Blick wieder auf es richtet, sich doch in Abhängigkeit von der Farbe oder der Linie gewandelt hat, die er auf

162

die Leinwand aufgetragen und in seinem Gedächtnis gespeichert hat, und die ihn sein Modell anders sehen läßt. Ob es sich um Cézanne handelt, der unzählige Sitzungen mit seinem Modell brauchte, oder um van Gogh, der imstande war, ein Bild an einem Vormittag oder einem Nachmittag zu malen – in jedem Fall findet die Herstellung eines Bildes in einer Zeitspanne statt und ist das Resultat einer Überlegung, einer Addition und einer Kombination von Gegenwartsmomenten, auch wenn es sich um einen nicht-gegenständlichen Maler handelt, und allein die Photographie kann meines Wissens eine Spur dessen erfassen und bewahren, was noch nie war und nie wieder sein wird. Ich frage mich, ob es letztlich und unabhängig von jeder anderen Überlegung nicht die Anziehungskraft dieser ein wenig magischen Macht der Photographie ist, die mich gedrängt hat, mich an ihr zu versuchen.

Aus dem Französischen von Irene Albers

Spanien

ANNOTATIONEN*

Der Kandidat (Le Candidat)
Erstmals erschienen in der Zeitschrift *Arts* vom 26. November 1958, wiederveröffentlicht in den *Cahiers Claude Simon,* Nr. 6, Perpignan 2010, S. 11–15.

Zunächst den Bildenden Künsten und der Musik, später ebenso der Literatur und dem Film gewidmet, betrieb *Arts* auch die Entdeckung neuer Talente. Claude Simon wurde vorgestellt als »neben Michel Butor einer der besten Repräsentanten des Nouveau Roman«, als Autor, dessen Auszeichnung bei der (alljährlich im Herbst stattfindenden) Vergabe der renommierten französischen Literaturpreise eigentlich fällig gewesen wäre.

Einige Abschnitte von *Der Kandidat* hat Simon, zum Teil fast unverändert, in den Roman *Histoire* (1967; dt. *Geschichte,* 1999) eingearbeitet. Dort erscheint der »Kandidat« unter dem Namen Lambert als großmäuliger Klassenkamerad und Spaßmacher, dann opportunistischer Politiker: eine ambivalente Figur, die bereits in dem zu Simons »Frühwerk« zählenden Roman *Le Sacre du Printemps* (1954; unübersetzt) vorgezeichnet war.

Asche (Cendre)

Erstmals erschienen im März 1959 in *La Revue de Paris*, wiederveröffentlicht in den *Cahiers Claude Simon*, Nr. 2, Perpignan 2006, S. 133–137.

Die eher »klassische« Ausrichtung der *Revue de Paris*, einer anspruchsvollen Zeitschrift mit bewegter Geschichte, stand im Kontrast zur Moderne-Orientierung der *Lettres nouvelles, Lettres françaises, Tel Quel*, in denen Simon damals – zur Zeit des Literaturstreites um den Nouveau Roman – publizierte.

In der dritten Person Singular geschrieben, bezieht sich der Text auf ein einschneidendes Erlebnis Simons: die Erkrankung (1951) an einer schweren Tuberkulose mit langwieriger Rekonvaleszenz. *Ich habe fünf Monate im Liegen zugebracht. Mit dem Fenster als einzigem Schauplatz*, sagte Simon in einem Gespräch mit Hubert Juin (1960). *Was also tun? Sehen ..., begierig hinsehen. Und sich erinnern. Das Sehen, die Langsamkeit und das Gedächtnis.* Vierzig Jahre später erscheinen die Motive des frühen Textes im ersten und im dritten Teil von *Jardin des Plantes* (1997; dt. 1998), nunmehr fragmentiert und neu verteilt, in das große Mosaik des Romans eingefügt und durch ihre heterogenen Kontexte mit zusätzlichem Sinn aufgeladen.

Wort für Wort (Mot à mot)

Erstmals erschienen am 8. April 1959 in *Les Lettres*

Nouvelles, wiederveröffentlicht in den *Cahiers Claude Simon*, Nr. 5, Perpignan 2009, S. 11–15.

1953 von Maurice Nadeau gegründet, war die Wochenschrift in besonderem Maße offen für literarische Neuerungen. Von Claude Simon wurden zwischen 1955 und 1964 sechs Texte dort abgedruckt, darunter auch *Baumaterial* (1960).

Wort für Wort besteht aus vier unabhängigen, vermutlich für die Publikation zusammengefügten Einzelstücken. Auf den ersten Blick disparat, offenbaren zumindest drei ein inneres Band durch die Thematisierung von Reden und Geld, als deren Kontrapunkt die Schilderung eines Trauerzuges im zweiten Stück erscheint. Nur das erste der vier wird später wiederverwendet, in *Histoire* (1967; dt. *Geschichte,* 1999) eingebettet in den Tagesablauf, der den Zeitrahmen des Romans bildet. Kaum abgeändert, erhält der kleine Text nunmehr eine neue Umgebung (der Erzähler hört beim Essen in einem Restaurant seiner Stadt das Geschwätz einer Frau am Nachbartisch, während er in unterschiedlichen Erinnerungen umherschweift) und durch den Wegfall der Interpunktion im gesamten Roman eine Steigerung seines Redeflusses. Daß Simon einen Jahre zuvor geschriebenen Text in den Roman einbaut, entspricht seiner Arbeitsweise, zunächst »Stücke« herzustellen, die Gesehenes und Gehörtes festhalten, sodann in der Schublade bleiben oder ihren Platz auf den kurzlebigen Seiten einer Zeitschrift oder schließlich im großen Gefüge eines Romans finden.

Wie verdünntes Blut (Comme du sang délayé)
Erstmals erschienen in *Les Lettres françaises*, Nr. 52,
1960, wiederveröffentlicht in den *Cahiers Claude Simon*, Nr. 6, Perpignan 2010, S. 19–22.

Die 1942 gegründete Wochenschrift verließ unter
Louis Aragons Leitung in den sechziger Jahren ihre or-
thodox kommunistische Ausrichtung und öffnete sich
der damaligen künstlerischen Avantgarde. Im Oktober
1960 hatte sie *Die Straße in Flandern* enthusiastisch be-
grüßt. Der Abdruck eines kleinen Textes von Simon,
zwei Monate später, konnte als Protest gegen die Ver-
leihung des Prix Goncourt an einen anderen Autor
(Vintila Horia) verstanden werden.

Mit Bezug auf Simons Arbeitsweise stellten die
Lettres françaises die Wiederkehr des veröffentlichten
Textes im nächsten Roman in Aussicht. Aber nicht in
diesem (*Le Palace*, 1962), sondern erst in dem darauf
folgenden (*Histoire*, 1967) erscheinen Passagen, wört-
lich übernommen, im Kontext einer Begegnung mit
Lambert (s. Anmerkung zu *Der Kandidat),* der den
Ich-Erzähler während einer Bahnfahrt »über den Gei-
steszustand der Soldaten in den Garnisonen im Osten
ausgehorcht hatte […] fragend wie man bloß vierundzwanzig Stunden am Tag in diesem Kotgestank leben
könne« (*Geschichte*, S. 319).

Baumaterial (Matériaux de construction)
Erstmals erschienen in *Les Lettres Nouvelles,* Dezem-

ber 1960, wiederveröffentlicht in den *Cahiers Claude Simon*, Nr. 4, Perpignan 2008, S. 9–17.

Unter dem Titel *Quelques-uns parmi les »121«* veröffentlichten die *Lettres Nouvelles* Zeichnungen und Texte von Unterzeichnern (zu ihnen gehörte auch ihr Herausgeber Maurice Nadeau) der als »Manifest der 121« bekannt gewordenen *Déclaration sur le droit à l'insoumission dans la guerre d'Algérie.* Claude Simon hatte die Erklärung im September 1960 unterschrieben, woraufhin er mit neunundzwanzig anderen der Anstiftung zu Ungehorsam und Fahnenflucht beschuldigt wurde. Geeint durch das Antikriegs-Engagement der Verfasser, waren die Beiträge des Heftes jedoch nicht politischer Natur, sondern entsprachen dem in erster Linie literarischen Anliegen der Zeitschrift.

So auch Simons Text, der bereits im Titel auf den »Bauplatz« des Schreibens verweist.

Er besteht aus drei inhaltlich voneinander unabhängigen, durch die Komposition jedoch zu einem Triptychon verbundenen Teilen. (Später wird Simon einem ganzen Roman diese Form geben: *Triptyque,* 1973).

Der erste und der zweite evozieren Schauplätze aus Simons Kindheit: Arbois im Jura (woher die Familie des Vaters stammte), hier identifizierbar durch Wohnhaus und Denkmal von Louis Pasteur, und das Weingut der Familie mütterlicherseits im Roussillon, bewirtschaftet von einem Onkel Simons, hier präsent als Gestalt, aus der sieben Jahre später (in *Histoire)* der fiktive »oncle Charles« hervorgeht. Der dritte Teil beschreibt eine nächtliche Szene im Bahnhof von Narbonne. Sie bildete (wie Simon in einem Zeitungsinterview 1962 erklärte) den Initialimpuls seines im spanischen Bürgerkrieg spielenden Romans *Le Palace* (1962; dt. *Der Palast*, München 1966; Köln 2006). Am Ende von dessen erstem Kapitel (»Inventar«) taucht der kleine Text III aus *Baumaterial* nahezu unverändert wieder auf.

Versuch des Ordnens von Notizen aufgezeichnet während einer Reise nach Zeeland (1962) und ergänzt (Essai de mise en ordre de notes prises au cours d'un voyage en Zeeland (1962) et complétées) Erstmals erschienen in *Minuit*, Nr. 3, März 1973, wiederveröffentlicht (mit einigen von Simon autorisierten formalen Korrekturen) in den *Cahiers Claude Simon*, Nr. 1, Perpignan 2005, S. 17–34.

Von den *Editions de Minuit*, dem »Hausverlag« der nouveaux romanciers, herausgebracht, erschien die Zeitschrift *Minuit* in 50 Nummern zwischen 1792 und 1982.

Deutschsprachige Erstveröffentlichung in Claude Simon: *Das Haar der Berenike* (Köln 2006).

Der Text enthält Passagen aus Dokumenten und Briefen, die Simon geerbt hatte: nachgelassen vom Urgroßvater seiner Großmutter mütterlicherseits, dem

General Jean-Pierre Lacombe Saint-Michel (1741–1812), der Zentralgestalt in Simons Opus magnum *Les Géorgiques* (1981, dt. *Georgica*, 1992).

Archipel und Norden (Archipel et Nord)
Vom Herausgeber einer Tourismuszeitschrift eingeladen, unternimmt Simon im August 1973 eine Reise durch Finnland, um über eine Landschaft zu schreiben, die ihn fasziniert: von der Insel Åland nach Rovaniemi am nördlichen Polarkreis, dann über Lappland bis nach Inari nahe der russischen Grenze (auf der Höhe von Murmansk). Im Oktober 1974 erscheint in der Zeitschrift *Åland* der Text *Archipel* mit Übersetzungen in englisch, schwedisch, finnisch, deutsch und im Dezember 1974 in der Zeitschrift *Finland* auf französisch, englisch, deutsch dann *Nord*.

Beide Texte sind in der Originalfassung unter dem Titel *Archipel et Nord* 2009 (posthum) bei den *Éditions de Minuit* erschienen.

Fortschreiten in einer verschneiten Landschaft (Progression dans un paysage enneigé)
Erstmals erschienen in den *Études littéraires,* Bd. 9.1, l'Université Laval (Québec), April 1976, wiederveröffentlicht in den *Cahiers Claude Simon,* Nr. 3, Perpignan 2007, S. 13–17.

Herausgegeben von Jean-Pierre Vidal, enthielt das Claude Simon gewidmete Heft dieser kanadischen

Universitätszeitschrift die Anmerkung, daß der vom Autor beigesteuerte unveröffentlichte Text einem in Arbeit befindlichen Roman entnommen sei.

Dabei konnte es sich nur um *Les Géorgiques* handeln, an denen Simon damals schrieb. Im 1981 gedruckten Roman aber kommt der Text nicht vor, wiewohl er sich thematisch und atmosphärisch in den zweiten Teil fügt, der die »apokalyptische Kälte« des Winters 1939/40 beschreibt, den Ritt der Kavalleristen durch das eisige, schneebedeckte Flandern.

Der kleine Text von 1976 verbindet drei »Variationen« des im Titel angekündigten Themas, die ihrerseits »fortschreiten« in zunehmender Länge und motivischer Anreicherung.

Photographie und Literatur
Dieser Text erschien ohne Überschrift als Vorwort Claude Simons zu *Photographies 1937–1970*, mit einer Einleitung von Denis Roche 1992 (Paris, Maeght Éditeur).

Die Übersetzung von Irene Albers wurde unter dem Titel *Photographie & Schrift* in der *Frankfurter Rundschau* v. 20. Juni 1992 abgedruckt.

* Die Herausgeberin dankt den *Cahiers Claude Simon* für Quellenangaben und Informationen zu den hier veröffentlichten Texten.

BÜCHER VON CLAUDE SIMON IN
DEUTSCHER ÜBERSETZUNG

Das Seil (*La Corde raide,* 1947), Frankfurt am Main
1964: Übers. Eva Moldenhauer

Der Wind (*Le* Vent, 1957), München 1959, 1985, Leipzig und Weimar 1988: Übers. Eva Rechel-Mertens;
Köln 2001: Übers. Eva Moldenhauer

Das Gras (*L'Herbe,* 1958), Neuwied und Berlin 1970,
Leipzig 1980: Übers. Erika und Elmar Tophoven;
Köln 2005: Übers. Eva Moldenhauer

Die Straße in Flandern (*La Route des Flandres,* 1960),
München 1961, (Ost-)Berlin 1980: Übers. Elmar
Tophoven; Köln 2003: Übers. Eva Moldenhauer

Der Palast (*Le Palace,1962),* München 1966, 1985:
Übers. Elmar Tophoven; Köln 2006: Übers. Eva
Moldenhauer

Geschichte (*Histoire,*1967), Köln 1999: Übers. Eva Moldenhauer

Die Schlacht bei Pharsalos (*La bataille de Pharsale,*
1969), Darmstadt und Neuwied 1972, 1985: Übers.
Helmut Scheffel

Der blinde Orion (*Orion aveugle,* 1970), Köln 2008:
Übers. Eva Moldenhauer

Die Leitkörper (*Les corps conducteurs,* 1971), Darmstadt und Neuwied 1974, 1985: Übers. Irma Reblitz

Triptychon (*Triptyque,* 1973), Reinbek bei Hamburg 1986: Übers. Eva Moldenhauer

Anschauungsunterricht (*Leçon de choses,* 1975), Reinbek bei Hamburg 1986, Berlin und Weimar 1988: Übers. Christine Stemmermann. Im Anhang: *Stockholmer Rede* (*Discours de Stockholm,* 1986), Übers. Brigitte Burmeister

Georgica (*Les Géorgiques,* 1981), Reinbek bei Hamburg 1992: Übers. Doris Butz-Striebel und Trésy Lejoly

Das Haar der Berenike (*La Chevelure de Bérénice,* 1984), Salzburg und Wien 1994: Übers. Silvia Ronelt; *Akzente* 1985: Übers. Ilma Rakusa; Köln 2006: Übers. Eva Moldenhauer

Die Einladung (*L'Invitation,* 1987), Reinbek bei Hamburg 1988: Übers. Christine Stemmermann

Die Akazie (*L'Acacia,* 1989), Frankfurt am Main 1991, München 2004: Übers. Eva Moldenhauer

Jardin des Plantes (*Le Jardin des Plantes,* 1997), Köln 1998: Übers. Eva Moldenhauer

Die Trambahn (*Le Tramway,* 2001), Köln 2002: Übers. Eva Moldenhauer

INHALT

Erste Auflage Berlin 2013

Copyright © 2013
MSB Matthes & Seitz Berlin Verlagsgesellschaft mbH
Göhrener Straße 7, 10437 Berlin
www.matthes-seitz-berlin.de

Copyright © der Originalausgabe
© 2009 Les Éditions de Minuit
7, rue Bernard-Palissy, 75006 Paris
© Cahiers Claude Simon – L'Association des
Lecteurs de Claude Simon, BP 56, 75222 PARIS Cedex 05
© Réa Simon für die Texte und Photographien,
mit freundlicher Genehmigung
[detaillierte Textnachweise: S. 165ff.]

Druck und Bindung: UAB Balto print

ISBN 978-3-88221-027-9